Friedrich Graz, Max Kaluza

Studien zum germanischen Alliteratiosvers.

III. Heft.: Die Metrik der sog. Cädmonschen Dichtungen mit

Berücksichtigung der Verfasserfrage

Friedrich Graz, Max Kaluza

Studien zum germanischen Alliteratiosvers.
III. Heft.: Die Metrik der sog. Cädmonschen Dichtungen mit Berücksichtigung der Verfasserfrage

ISBN/EAN: 9783743678941

Hergestellt in Europa, USA, Kanada, Australien, Japan

Cover: Foto ©ninafisch / pixelio.de

Weitere Bücher finden Sie auf **www.hansebooks.com**

DIE METRIK

DER

SOG. CAEDMONSCHEN DICHTUNGEN

MIT BERÜCKSICHTIGUNG DER VERFASSERFRAGE.

VON

DR. FRIEDRICH GRAZ.

WEIMAR.
VERLAG VON EMIL FELBER.
1894.

MEINER LIEBEN MUTTER

Vorwort.

Zweck der nachstehenden Untersuchung ist es, an dem Beispiel der sog. Caedmonschen Dichtungen zu zeigen, dass gerade die Vierhebungstheorie ein tieferes Eindringen in den rhythmischen Bau des Alliterationsverses ermöglicht und dass die von Kaluza vorgenommene Einteilung der Alliterationsverse in neunzig Unterarten sich besonders für die Textkritik und die Lösung von Verfasserfragen nutzbar machen lässt. Die aus metrischen Gründen erforderlichen Textänderungen konnte ich allerdings hier nur kurz andeuten; die nähere Begründung derselben erfolgt demnächst in einem besonderen Aufsatze in den Englischen Studien (Band XX).

Mit grosser Freude ergreife ich die Gelegenheit, meinen hochverehrten Lehrern, Herrn Geheimen Regierungsrath Professor Dr. Schade und Herrn Professor Dr. Kaluza hierselbst, die mich zu vorliegender Arbeit angeregt und mir bei Ausführung derselben in freundlichster Weise ratend und helfend zur Seite gestanden haben, meinen wärmsten Dank auszudrücken. Ebenso bin ich Herrn Professor Dr. Kölbing zu Breslau für seine gütige Mitwirkung bei der Correctur des Druckes zu grossem Dank verpflichtet.

Königsberg i. Pr., den 6. October 1894.

Friedrich Graz.

Inhaltsverzeichnis.

Die bisherigen Untersuchungen über den rhythmischen Bau des altenglischen Alliterationsverses sind sämtlich von dem ältesten und bedeutendsten Denkmale der altenglischen Dichtung, dem Beowulfliede. ausgegangen, so z. B. Schubert. De Anglosaxonum arte metrica. Berolini 1870: Sievers. Zur Rhythmik des germ. Alliterationsverses, P. u. Br. Btg. X, 209 ff. u. 451 ff.; Hirt. Untersuchungen zur westgerm. Verskunst I, Leipzig 1889: Fuhr. Die Metrik des westgerm. Alliterationsverses, Marburg 1892: ten Brink, Pauls Grundriss der germ. Philol. II. 1. 518 ff.: Kaluza, Studien zum german. Alliterationsvers. Heft 1. 2: Der altenglische Vers, Berlin 1894. Ueber die metrischen Eigentümlichkeiten des Beowulf sind wir also hinreichend unterrichtet: von den übrigen ae. Dichtungen aber sind nur die Werke Cynewulfs und die Judith nach dem Sieversschen Typensystem metrisch zergliedert worden. jene von Frucht. Metrisches und Sprachliches zu Cynewulfs Elene, Juliana und Crist, Diss. Greifswald 1887, und Cremer. Metrische und sprachliche Untersuchung der ae. Gedichte Andreas, Guðlac, Phœnix (Elene, Juliana, Crist), Diss. Bonn. 1888; diese, die Judith, von Luick in P. u. Br. Btg. XI, 470 ff. Von den sogen. Caedmonschen Gedichten wurde nur die Genesis von Schubert in der oben citierten Abhandlung neben dem Beowulf berücksichtigt. Die zahlreichen Untersuchungen über die Autorschaft dieser Dichtungen, z. B. Sievers. Der Heliand und die ags. Genesis. Halle 1875; Strobl, Germania XX. 292—305. Ebert, Anglia V. 124 f. und die Dissertationen von Götzinger Balg, Groth. Ziegler, Groschopp, Kühn, Steiner etc. (s. Wülker,

Grdr. d. Gesch. d. ags. Lit., p. 111—140. Körting, Grdr. d. engl. Lit.², p. 37—42), beschränken sich bei der Lösung der Caedmonfrage auf blosse Beobachtung der Sprache und Diction oder auf inhaltliche Kriterien. Die metrischen Verschiedenheiten der einzelnen Gedichte sind von ihnen entweder garnicht oder in ganz unzulänglicher Weise herangezogen worden, so dass gerade ein für die Entscheidung der Verfasserfrage hochwichtiges Argument nicht erschöpfend ausgenützt und diese darum noch nicht endgültig gelöst ist. Man weiss zwar jetzt, dass die vier im Cod. Junius XI der Bibl. Bodleiana zu Oxford überlieferten Gedichte Genesis, Exodus, Daniel und Satan nicht von einem, sondern von verschiedenen Verfassern herrühren und dass einige von ihnen ausserdem wiederholt interpoliert worden sind. In betreff dieser Interpolationen stehen jedoch die Ergebnisse der einzelnen Forscher noch in Widerspruch mit einander. Sicher ist nur, dass nach der Untersuchung von Sievers, Der Hel. u. d. ags. Gen., die sogen. Genesis B., V. 235—851, aus einem andern, in Sprache und Versbau dem Hel. sehr nahestehenden Gedichte in die sogen. Genesis A eingeschoben worden ist. Bis zu welchem Umfange aber Exodus, Daniel und Satan überarbeitet worden sind, bedarf einer nochmaligen gründlichen Nachprüfung, die auch von Körting (a. a. O. § 22—25) gefordert wird. Die vorliegende Arbeit soll daher nicht nur die metrischen Eigentümlichkeiten der sogen. Caedmonschen Dichtungen ausführlich erörtern, sondern auch die daraus sich ergebenden Unterschiede in der Behandlung des Alliterationsverses zwischen den vier Gedichten und den einzelnen Teilen derselben zur Lösung der Verfasserfrage nutzbar machen. Denn so streng geregelt auch der Versbau der ae. Alliterationspoesie war, so blieb doch jedem Dichter Spielraum genug, seine Vorliebe für diese oder jene Versart zu bethätigen und dadurch seinem Gedichte ein eigenartiges Gepräge aufzudrücken. Es ist also durch Vergleichung der sich für die einzelnen Dichtungen oder Teile derselben ergebenden metrischen

Bilder möglich, die Anteile verschiedener Verfasser von
einander zu sondern.

Von grösster Wichtigkeit bei der metrischen Unter-
suchung ist die Entscheidung über das System, welches
ihr zu Grunde gelegt werden soll. Die Zweihebungstheorie
(Vetter, Rieger) ist vollständig unzureichend, wie auch die
Dissertationen von Kühn (Ueber die ags. Gedichte von Crist
und Satan, Jena 1883) und Steiner (Ueber die Interpolation
im ags. Gedichte Daniel. Leipzig 1889) hinlänglich darthun.
Beide berücksichtigen nur die Stabformeln und sehen in
der Silbenfüllung zwischen den zwei Hebungen das Charak-
teristische im Bau des Alliterationsverses. Ein klares Bild
von dem Wesen desselben erhalten wir auf diese Weise
nicht und ihre Ausführungen sind darum in metrischer
Hinsicht wertlos. Auch Sievers' Theorie, welche keinen
Unterschied zwischen Nebenhebungen und Senkungen macht,
ist nicht imstande, den bei aller Mannigfaltigkeit fest-
gefügten Rhythmus des Alliterationsverses befriedigend zu
erklären, ebensowenig wie die Theorien von Möller, Hirt,
Fuhr und ten Brink, welche einen Wechsel von vier und
drei oder gar zwei Hebungen annehmen. den metrischen
Feinheiten des Alliterationsverses gerecht zu werden ver-
mögen. Von den genannten Systemen würde also kein
einziges meinen Zwecken entsprochen haben. Wir besitzen
aber in der viel älteren und vorzüglicheren Lachmannschen
Vierhebungstheorie ein ausgezeichnetes Mittel. um den
wahren Rhythmus des altgermanischen Verses zu erkennen.
so dass wir alle jene Systeme wohl entbehren können.
Durch die Lectüre der kleineren poetischen ahd. Denkmäler.
des Otfrid und des Heliand in den Vorlesungen des Herrn
Geh. Regierungsrat Prof. Dr. Schade ist mir die Forderung
von vier Hebungen für den alten Reim- und Alliterations-
vers als unerlässliche Grundbedingung so sehr geläufig ge-
worden, dass die Uebertragung dieser Lachmannschen
Vierhebungstheorie auf den ags. Alliterationsvers durchaus
nichts Befremdendes für mich hat. Wenn die Vertreter

1

der Zweihebungstheorie es nicht begreifen können, dass
Verse wie *hæledum secgan*, Ex. 7: *ōd wolcna hrōf*, Ex. 298:
men ne cūdon, Ex. 82; *hand ā-hōfon*, Ex. 581 etc. vierhebig
gemessen werden müssen, so ist es mir wiederum ganz
unverständlich, wie sie die Verse *cyningas on cordre*, Ex.
191. 465; *brōddon æfter beorgum*, Ex. 132; oder gar die
siebensilbigen Verse *gesette sige-rīce*, Ex. 27; *mōdige mete-
þegnas*, Ex. 131; *ābrocene burh-weardas*, Ex. 39; *fæder-
ædelo gehwæs*, Ex. 361 u. ä. zweihebig lesen wollen, um
von den Heliandversen ganz abzusehen. Die Vierhebungs-
theorie allein ermöglicht eine strenge Regelung des Vers-
baues, eine scharfe Abgrenzung der einzelnen Versarten
und die Aufstellung bestimmter Gesetze für die Hebungs-
fähigkeit der Wörter. Auch lassen sich mit mit Hilfe der
vier Hebungen die besonderen metrischen Eigentümlich-
keiten eines Dichters genau bestimmen und die Frage, ob
zwei Gedichte von einem oder von verschiedenen Verfassern
herrühren, schon aus rein metrischen Gründen zur Ent-
scheidung bringen.

Ich stehe also vollständig auf dem Boden der Vier-
hebungstheorie und kann nach dem, was Kaluza (Studien
zum germanischen Alliterationsvers, Heft 1), zur festeren
Begründung derselben und zur Widerlegung der gegnerischen
Ansichten gesagt hat, auf weitere theoretische Erörterungen
verzichten. Bei meiner Untersuchung schliesse ich mich
möglichst genau an die im 2. Heft der Stud. z. germ. A.-V.
enthaltene metrische Analysierung der ersten 1000 Verse
des Beowulf an. Um zu zeigen, dass die von Kaluza ge-
gebene Gruppierung der Alliterationsverse in 90 Unterarten
sehr wohl auch für andere ae. Gedichte zu verwerten ist,
bringe ich zunächst die Verse einer der sog. Caedmonschen
Dichtungen zum Abdruck. Ich habe hierzu den Exodus
gewählt, weil er am wenigsten umfangreich ist, dabei aber
doch wegen der überraschenden Bevorzugung einzelner
Versarten eine auffallende Sonderstellung innerhalb der ae.
Alliterationspoesie einnimmt.

Die Citate sind Wülkers Neubearbeitung von Greins Bibliothek der angelsächsischen Poesie (II. Band. 2. Hälfte. Leipzig 1894) entnommen. Die dort fehlende Quantitätsbezeichnung habe ich aber aus Greins Text unter Berücksichtigung der von Sievers (P. Br. X) und Kaluza (Stud. z. germ A.-V. 2, 74. 76) gegebenen Berichtigungen beigefügt, auch die unbetonten Mittelvocale der dreisilbigen Wörter mit langer Stammsilbe (z. B. *hālige, hāliges*) nach dem Vorgange von Sievers gestrichen. Alle sonstigen Abweichungen von Wülkers Text sind weiter unten vermerkt.

Exodus.

Erste Halbzeile.	**Zweite Halbzeile.**
I. (A.) (×) x́×x̀(×) x́↗x̀	I. (A.) (×) x́×x̀(×) x́↗x̀
1. lángè hwíle.	*1. lángè hwíle.*
7. *h*æledum secgan	2. *M*oyses dōmas
41. *d*ēadra hrǣwum	5. *b*ōte līfes
52. *M*oyses *m*āgum	8. *w*eroda drihten
67. *m*ægnes *m*æste	12. *l*ēoda aldor
74. *h*ālgan nette	13. *h*erges wīsa
87. *þ*ēoden-holde	16. *s*igora waldend
92. *w*eroda drihten	23. *w*ordum nǣgde
100. *w*uldres *w*ōman	25. *w*ītig drihten
118. *h*ārrè *h*ǣde	30. *s*ōdum cræftum
121. *b*lāce *b*ēamas	31. *w*erodes aldor
139. *ē*del-*l*ēasum	33. *e*aldum wītum
152. *M*oyses *l*ēode	44. *l*ēode grētan
158. *g*āras trymedon	51. *w*yrnan þōhton
160. *þ*ūfas þunīan	53. *l*ēofes sīdes
163. *d*ēawig-federe	57. *l*ādra manna
173. *m*anna þengel	59. *g*earwe bǣron
179. *l*ādum ēagan	65. *w*erodes bearhtme
188. *w*æpned-cynnes	70. *b*rūne lēode
196. *þ*ūsend-mǣlum	75. *w*īdum fædmum
205. *m*ihtig engel	84. *e*alle cræfte
215. *m*āran *m*ægenes	89. *h*ālge seglas
226. *m*ōde rōfra	94. *b*ēamas twēgen
249. *b*ēama *b*eorhtost	96. *h*ālges gāstes

578. āclum stefnum
582. blīde wǣron

2. fólcùm gefrǣgè.

34. dēade gedrenced
38. frēcne gefylled
68. nearwe genȳddon
79. drihta gedrȳmost
115. heolstor āhȳdan
199. billum ābrēotan
272. sigora gesynto
336. synnum āswefede
469. fæste gefeterōd
470. searwum āsǣled
497. fæste befarene
520. dūma gehwilcne
532. wommum āwyrged
569. līfe gefēgon

3. fólce tò frófrè.

46. hergas on helle
88. folce tō frōfre
128. landes æt ende
130. wyrpton hīe wērge
176. wīges on wēnum
191. cyningas on cordre
269. ābrōden of brēostum
302. segnas on sande
405. lēodum tō lāfe
407. fæste mid folmum ·
424. āwa tō aldre
440. stānas on eordan
456. herges tō hāme
465. cyningas on cordre
466. wǣges æt ende
535. murnad on mōde

4. sǽgdest fròm his sidè.

73. bælce oferbrǣdde
132. brǣddon æfter beorgum
143. manna æfter mādmum
218. habban heora hlencan
222. brūdon ofer burgum

234. rǣswan herges
237. folmum werigean
244. lǣstan wolde
246. grētan mihte
252. hilde-calla
256. rīces hyrde
257. hālgan stefne
260. sīde hergas
266. dēade fēdan
270. wuldres aldor
271. lissa bidde
276. hlūde stefne
282. ofstum wyrced
288. ȳde þeahton
294. fædme weorden
301. hwīte linde
307. hālges lāre
308. lǣste nēahor
310. fyrmest ēode
312. Jūdisc fēda
317. āgan sceolde
322. dēora cēnost
324. lange þolian
332. randas bǣron
340. folca þrȳdum
341. swēotum cōmon
342. þūfas wundon
356. cēnra manna
357. hālge þeode
359. ealde reccad
364. drence-flōda
366. hālge trēowa
369. foldan hæfde
370. ēce lāfe
375. beornas feredon
377. wordum secgad
378. nigoda wǣre
384. lēofost fēora
390. wītgan lārum
391. tempel drihtne.
401. beorna sēlost
403. yrfe-lāfe
411*. wolde slēan | eoforan sīnne.

366. hæfde him on hreðre
387. wǽre hīe þǽr fundon
396. fīra æfter foldan
403. āngan ofer eordan
436. yldo ofer eordan
510. bodīgean æfter burgum

5. lánd gèsáwòn.

207. gescēon tōsomne
386. sib-gemāgas
581. hand ā-hōfon

6. géong in géardùm.

 42. wōp wæs wīde
192. horn on hēape
213. wēan on wēnum
245. mōd mid āran
339. ēad and ædelo
355. frōd on ferhðe
394. hēahst and hālgost
395. mǽst and mǽrost
413. magan mid mēce
419. sunu mid sweorde
454. gylp weard gnornra
457. wyrd mid wǽge
460. hēah tō heofonum
492. hēah of heofonum
523. beorht in brēostum
546. dugoð on drēame
556. burh and bēagas
586. rēaf and randas

7. wéox ùnder wólcnùm.

 80. wand ofer wolcnum
127. segn ofer swēotum
195. lād æfter lādum
228. ā-lesen under lindum
251. lēoht ofer lindum
351. cynn æfter cynne
467. hēah ofer hæleðum
536. fæst under foldan

412. ecgum rēodan
421. wǽre hēolde
423. lengest weordan
425. mǽran trēowe
428. foldan scēatas
431. engla þēoden
436. ealle cræfte
437. sōdum wordum
441. sealte ȳða
444. lēode þīne
445. folca sēlost
453. hāmas findan
464. mōdge swulton
472. sealtum ȳdum
473. ēce staðulas
474. nēosan cōme
481. fǽge crungon
483. wǽgas burston
486. wlance dēode
490. egesan stōdon
494. alde mēce
495. drihte swæfon
496. sāwlum lunnon
509. secgan mōste
511. hæleða cwēnum
515. ēce rǽdas
516. Moyses sægde
517. hālge sprǽce
521. sōdum wordum
524. gāstes cǽgum
527. mōdum tǽcan
530. beteran secgað
533. ēdel-lēase
534. gihðum healdað
538. rīce dælað
541. drihten sylfa
542. manegum dēmeð
543. sāwla lǽdeð
546. drihten herigeað
549. mihtum swīðeð
556. brāde rīce
558. engla drihten
559. fæderyn-cynne

8. sód is gecýdèd.

54. fyrd wæs gefysed
446. folc wæs ā-færed
525. rūn bid gerecenōd

9. flóta wæs on ýdùm.

21. ofer-cōm mid þÿ campe
252. ā-hlēop þā for hæledum
276. hōf þā for hergum
501. Faraōn mid his folcum
553. micel is þēos menigeo

10. sórh is mē tō sécyan.

56. ofer-fōr hē mid þÿ folce

11. wís-fæst wórdùm.

18. on-wist ēðles
174. gūd-weard gumēna
193. gūd-þrēat gumēna
361. frum-cyn feora
363. þrym-fæst þēoden
433. sōd-fæst sigora
468. mere-strēam mōdig

12. fólc-stède frátwàn.

137. wæl-gryre weroda
240. gylp-plegan gāres
329. lil-swædu blōdge
563. bēor-selas heorna

13. Béowùlf wæs brémè.

109. syllīc æfter sunnan
463. rand-hyrig wǣron rofene

14. Gréndlès gùd-cræft.

22. feonda folc-riht
26. eordan ymb-hwyrft
44. ā-lyfed lǣd-sīd
78. hāte heofon-torht
81. sunnan sīd-fæt
104. lifes lāt-þēow
116. nīwe niht-weard

560. hālge lāre
565. segnas stōdon
569*. þā hīe ōd- | hæded hæfdon
571*. gesāwon hie þær | weallas standan
574. hlūde stefne
575. drihten heredon
579. Afrisc mēowle
584. segnum dǣlan
585. calde mādmas
588. werigend lāgon

2. fólcùm gefrǣgè.

36. since berofene
43. handa belocene
62. fyrde gelǣdde
76. efne gedǣled
90. lēode ongēton
130. wiste genǣgdon
148. heortan getenge
151. drēore gebohte
153. spēde forgēfe
190. ealle ætgædere
220. snelle gemundon
222. byman gehyrdon
241. hilde onpīhan
254. fyrde gestillan
255. monige gehyrdon
292. miltse gecydde
297. fægre gestēpte
320. beacen ā-rǣred
368. mīne gefrǣge
387. wuldor gesāwon
394. hæledum gefrægost
396. folmum geworhte
400. ūge gesyllan
439. ealle gerīman
448. blōde bestēmed
476. heolfre geblanden
504. hilde gescēadan
532. wreccum ā-lyfed
537. yfela gehwylces
548. rǣda gemyndig

138. lǣdne lāst-weard
202. weredon wæl-net
221. weardas wīg-lēod
261. eorla wurīn
335. rode unforht
429. eorlan ymb-hwyrft
533. earmra on-bīd
552. mōdges mōd-hǣl

15. isig ònd ūt-fūs.

216. eorlas on uht-tīd
275. mōdig and mægen-rōf
505. yrre and eges-full
539. yldo odde ǣr-dēad

16. hēah ànd hórn-gēap.

13. horse and hreder-glēaw
57. land and lēod-weard
129. fūs on ford-wēg
204. werud wæs wīg-blāc
311. wōd on wǣg-strēam
587 gold and god-web

17. fólc òdde frēo-bùrh.

19. hēah wæs þæt hand-lēan
210. mægen odde mere-strēam

18. snéllic sǣ-rìnc
fehlt.

19. nýd-wràcu nìd-grìm.

3. wræc-lico word-riht
61. mearc-hofu mōr-heald

20. gámol-fèax ond gíul-ròf.
fehlt.

21. hǽfde sè gódù.

64. siddan hīe fēondum
299. æfter þām wordum
410. þonne hē hyrde
487. ne mihton forhabban
507. fordam þæs heriges
564. æfter þām wordum

551. wundor ongēton
570*. þēah de hīe hit | frecne ge-nēddon
573*. siddan hīe þām | herge wid-fōron
580. golde geweorðod
582. hūte gesāwon

3. fólce tò trófrè.

140. wǣre ne gymdon
165. ǣtes on wēnan
218. hycgan on ellen
233. wāce ne grētton
240. gamele ne mōston
323. hyndo ne woldon
409. lēofran ne wisse
427. wīddra and sīddra
440. steorran on heofonum
508. ǣnig tō lāfe

4. sǽgdest jràm his sìdè.

7. gehyre sē de wille
81. segle ofertolden

5. lánd gèsāwòn.

72. folc gescylde
95. efn-gedǣlde
103. ford gesāwon
119. ferhd getwǣfde
123. werod forbarnde
141. ǣr gelyfde
142. in-gefolca
156. ford ongangen
178. fēond onsēgon
187. ūt ā-lǣdde
214. somod ætgædere
217. frecan ā-rīsan
247. here ætgædere
284. holm gerymed
286. men gefēran
295. up ā-rǣrde
360. mæst gefrūnon
388. swā | hæled gefrūnon

22. sóna þæt onfúnde.

30. hæfde hē þā geswīded
69. wiston him bē sūdan
86. siddan hē mid wuldre
144. ealles þæs forgēton
155. siddan hīe gesāwon
170. hwīlum of þām werode
183. hæfde him ā-lesene
189. þāra þē hē on dām fyrste
197. hæfdon hīe gemynted
200. forþon wæs in wīcum
212. sǣton æfter beorgum
224. siddan hīe getealdon
266. ne willad ēow andrǣdan
307. nalles hīe gehỹrdon
316. siddan him gesǣlde
319. hæfdon him tū segne
325. þonne hīe tū gūde
331. æfter þāre fyrde
365. þāra dē gewurde
367. forþon hē gelǣdde
376. þāra þē under heofonum
384. siddan hē gelǣdde
438. nymde hwylc þæs snottor
498. siddan hīe on bōgum

23. éow hēt sécgan.

295. nū sē āgend
418. ne sleh þū Abraham

24. ic hine cúde.

180. ymb hine wǣgon
185. þæt wǣron cyningas
434. þæt þīnes cynnes

25. ic þæt gehȳre.

16. þær him gesealde
406. hē þæt gecȳdde
442. ac hīe gesittad
500. þā þē gedrencte
557. wile nū gelǣstan
560. gif gē gehealdad

397. magan gelǣdde
443. in-gepēode
451. eft oncyrde
452. fǣr ongēton
479. mōd gerȳmde
555. cyn gelȳfed
567. wernd gelǣded

6. géong in géardum.

28. ǣr ne cūdon
47. dǣg wæs mǣre
82. men ne cūdon
93. fȳr and wolcen
97. dagum and nihtum
114. nēah ne mihton
206. leng ne mihton
235. gȳt ne mihton
264. leng ne mōton
293. ofest is sēlost
311. wigan on hēape
371. fæder and mōder
416. stefn of heofonum
426. heofon and eorde
435. rīm ne cunnon
526. word on fædme
576. wīf on ōdrum

7. wéox under wólcnum.

196. þider wæron fuse
283. wegas syndon drȳge
347. for æfter ōdrum
350. folc æfter wolcnum
561. ford ofergangad

8. sód is gecȳdéd.

35. hēaf wæs genīwad
45. fēond wæs berēafod
169. folc wæs gehǣged
207. sīd wæs gedǣled
221. werod wæs gefȳsed
226. mægen wæs onhrēred
290. brim is ārēafod
419. sód is gecȳded

26. þá wæs on búrgùm.

235. þā þē for geogude
243. ac hīe bē wæstmum
259. ne brōd gē þȳ forhtran
273. þis is sē ēcea
294. þæt gē of fēonda
380. þæt is sē Abraham
389. þær eft sē snottra
421. þæt þū wid waldend

27. nú gē móton gángàn.

24. þær hē him gesægde

28. nó hē þòne gíf-stòl.

63. hēht þā ymb twā-niht
150. woldon hīe þæt feorh-lēan
151. þætte hē þæt dæg-weorc
400. wolde þone lāst-weard

29. wéardòde hwílè.

117. wīcian æfter weredum
265. ægnian mid yrndum

30. trýddòde tír-fæst
fehlt.

IIᵃ (B). (×)×̇(×) ×̇×̇×̇(×) ×̇.

31. hìm on béarmè lǽg.

2. ofer middan-geard
23. þæt hine weroda god
28. done yldo bearn
48. ofer middan-geard
49. swā þæs fæsten drēah
51. þæs þe hīe wīde-ferd
53. on langne lust
85. hū ā/æstnōd wæs
141. dēah þe sē yldra cyning
142. dā weard yrfe-weard
154. þā him eorla mōd
167. on lādra lāst
186. on þæt ēade riht

---

458. mægen wæs ādrenced
482. lyft wæs onhrēred
583. hæft wæs onsæled

9. flóta wæs on ýðùm.

54. from sē de lædde
106. folc wæs on sālum
223. fyrd wæs on ofste
267. fyrst is æt ende
326. þraca wæs on ōre
449. hrēam wæs on ýdum
468. mægen wæs on cwealme
564. werod wæs on sālum
566. folc wæs on lande

10. sórh is mè tō sécyàn
fehlt.

11. wís-fæst wórdùm.

105. sæ-men æfter
157. ēored līxan
229. fīftig cista
327. hæg-steald mōdge
489. gār-secg wēdde
518. dæg-weorc nemnad

12. fólc-stède frǽtwàn.

325. gār-wudu rærdon
572*. þurh þā heora | beado-searo
wægon

13. Béowùlf wæs brémè
fehlt.

14. Gréndlès gúd-cràft.

61. Moyses ofer þā
351. ēnde æg-hwile
362. Nōe ofer-lād
522. hfes wealh-stōd

15. ísig ònd út-fùs
fehlt.

190. wǣron inge men
237. wið flāne fēoud
239. ofer linde lærig
255. þenden mōdges medel
278. hwæt! gē nū ēagum tō
280. hū ic sylfa slōh
286. ofer middan-geard
292. þæt ēow mihtig god
308. siddan lēofes lēoþ
310. þā þæt rēorde cyn
312. ofer grēnne grund
317. þæt hē ealdor-dōm
337. on lēofes lāst
377. swā þæt wīse men
402. his swǣsne sunu
416. þā him stȳran cwōm
425. hū þearf mannes sunu
426. ne behwylfan mæg
427. his wuldres word
428. þonne befǣdman mæge
439. þæt hē āna mæge
476. wæs sēo hǣwne lyft
479. þurh Moyses hand
485. mid hālge hand
522. gif onlūcan wile
566. on fægerne swēg
567. hæfde wuldres bēam
580. on geofones stade.

32. hē þæs frōfre gebād.

20. gesealde wǣpna geweald
98. þā ic on morgen gefrægn
187. forþon ānra gehwilc
209. þēah ðe him on healfa gehwām
227. wæs on ānra gehwām
230. hæfde cista gehwilc
561. þæt gē fēonda gehwone

33. þām wīfe þā word.

206. þæt þær gelǣde mid him
528. þæt wē gēsne ne syn

16. hēah and horn-gēap.

203. fēond wæs ān-mōd

17. folc ōðde frēo-burh,
18. snellic sǣ-rinc,
19. nȳd-wrǣcu nīd-grim,
20. gamol-fēax and gūð-rōf,
21. hæfde sē gōdā,
22. sōna þæt onfunde,
23. ēow hēt sēcgan,
24. ic hine cūðe,
25. ic þæt gehȳre,
26. þū wæs on bārgum,
27. nū gē mōton gangan,
28. nō hē þone gif-stōl,
29. wēardōde hwīle,
30. trȳddōde tir-fæst
fehlen.

IIᵃ (B). (×)×̣(×) ×̣×̣(×) ×̣

31. him on bēarme līg.

9. mid his sylfes miht
10. and him wundra fela
17. his māga feorh
20. wið wrādra gryre
22. ða wæs forma sīð
27. and his sylfes naman
37. æt middre niht
48. þā sēo mengeo fōr
71. þǣr hālig god
80. hæfde wītig god
87. þā wæs þridda wīc
91. þæt þær drihten cwōm
117. þy læs him wēsten-gryre
132. siddan hȳne sang
133. þā wæs feorde wīc

— 14 —

31. hìm þū Scyld gewát.

214. eall sēo sib-gedriht
229. on folc-getæl
234. in þæt rinc-getæl
369. on feorh-gebeorh
502. siddan grund gestāh

35. nè léof nè lád.

1. hwæt! wē feor and nēah
545. þær is lēoht and līf

36. þū wást gif hit ís.
fehlt.

37. wès þū Hródgàr hál.

233. þæt wæs unglīc werod

38. þà him Hródgàr gewát,
39. þèt ic ænìgra mé,
40. wès him Béowùlfes sìd.
fehlen.

11ᵇ. (D²) (×) ×̱× ×̱×̱×(×) ×́

41. blǣd wìdè spráng.

29. fród fædera cyn
105. segl sīde weold
107. hlūd herges cyrm
140. wēan wītum fæst
169. fleah rǣge gāst
220. swēot sande nēar
291. sand sǣcir spāw
449. holm heolfre spāw
475. fāh fēde-gāst
541. dæg dǣdum fāh

42. flóta stìllè bád.

47. druron dēofol-gyld
165. atol æfen-lēod
201. atol æfen-lēod
203. flugon frēcne spel
450. wæter wǣpna ful

134. bē þau readau sæ
138. sē de him lange ær
152. þær him mihtig god
199. on hyra brōdor-gyld
202. þū sē wōma cwōm
210. nāhton māran hwyrft
245. æac þau mægnes cræft
261. him eallum wile
262. þurh mīne hand
269. ic on beteran rǣd
275. mid þære miclan hand
277. þā hē tō lēodum spræc
280. and þeos swīdre hand
298. ōd wolcna hrōf
305. swylce him yda weall
309. and sanges bland
314. swā him mihtig god
330. þær Jūdas fōr
333. ofer sealtue mersc
335. hē his ealdor-dōm
336. þæt hē sīdor fōr
349. þȳ hē mǣre weard
352. swā him Moises bēad
380. sē him eugla god
386. on Sēone beorh
395. þāra þe manna bearn
399. nū þȳ fægra wæs
418. þīn āgen bearn
422. sēo þe frēode sceal
430. and þeos geōmre lyft
432. and wereda god
433. þurh his sylfes līf
471. hwonne wadema strēam
484. þā sē mihtga slōh
531. þis is lǣne drēam
540. ofer middan-geard
545. æac þon lissa blǣd
547. tō wīdan feore
552. hē tō mænegum spræc

32. hè þæs frófrè gebád.

101. swā him Moyses bebēad
143. þæt hē swā micceles gedāh

537. open ice sciæf
576. weras wuldres sang

43. grétte Géatà léod.
346. morgen mære-torht

44. þégn nýttè behéold.
fehlt.

45. átol ýdà geswíng.
381. waman níwan ásceop
411. up árædde sē eorl
455. atol ýda gewealc
588. wera wuldor-gesteald

46. first fórd gèwát.
103. ûs fyrd-getrum
178. fæst fyrd-getrum

47. wérod éall àrás.
fehlt.

48. léodu lánd-gewéore.
490. up atéah on sléap

49. wórd-hórd ònléac.
232. týn-hund geteled
303. up-lang gestōd
371. frum-cnéow gehwæs

50. médo-stíg gèmæt.
482. lagu-land geféol

III. (E) (×) ×̣×̣×̣×(×) ⸵
51. éysòdè éorl.
32. Faraones féond
332. Rûbénes sunu
358. Israela cyn

52. mârnèndè mód.
101. mōdigra mægen
111. byrnende béam

204. ōd þæt wlance forsceaf
205. sē dā menigeo behéold
215. ōd Moyses behéad
304. wæs sēo eorla gedriht
374. ēac þon sīda gehwilc
415. ac mid handa befēng
455. ne dær ænig becwōm
456. ac behindan beléac
475. sē de féondum gencop
488. ac hē manegum gescēod
520. þāra de him drihten bebēad
557. þæt hē lange gehēt

33. þàm wífè þù wórd
fehlt.

34. him þù Scýld gèwát.
11. in æht forgeaf
296. in rand-gebeorh
382. in gehyld bebéad
404. þā hē swā ford gebad
406. þā hē þone cniht genam
454. him on-gēn genap
529. hē ūs mā onlýhd

35. nè léof nè làd.
339. hē wæs gearu swā þeah
381. éac þon wéah and feor
536. þær bid fýr and wyrm

36. þù wàst gif hit ís.
285. þā ic ær ne gefrægu

37. wès þù Hródgàr hàl.
192. tō hwæs hægsteald-men

38. þà him Hródgàr gewát,
39. þæt ic ænigra mé,
40. wès him Béowùlfes síd.
fehlen.

145. Egypta cyn
300. mōdigra mægen
489. gyllende gryre

53. ædelìngès fǽr.
277. lifigendra lēod

54. béag-hròdèn cwén
290. hæd-weges blǽst

55. wéord-mȳndùm þáh.
35. hord-wearda hryre
90. lyft-wundor lēoht
97. dēor-mōdra sīd
134. rand-wigēna ræst
166. cār-lēasan dēor
246. gār-bēames feng
274. frum-sceafta frēa
304. ǣn-dægne fyrst
322. driht-folca mǽst
338. frum-bearnes riht
352. mǣg-burga riht
357. hēah-fædera sum
368. mādm-horda mǽst
430. gār-secges gin
441. sǣ-beorga sand
472. sin-calda sǣ
478. sǣ-manna sīd
494. wu-hlēowan wæg
496. syn-fullra swēot
499. mōd-wǣga mǽst
511. hord-wearda hryre
517. hēah-þungen wer
524. gin-fæsten god
554. fullēsta mǽst
577. folc-swēota mǽst

56. wlíte-bëorhtnè wáng.
349. mægen-þrymmum mǽst
464. mere-dēada mǽst
488. mere-strēames mōd
540. mægen-þrymma mǽst

II^b. (D²) (x) ×× ×× (x) ×

41. blǣd wídè sprâng.
417. word æfter spræc

42. flóta stillè bád.
39. bana wīde scrād
300. mere stille bād
345. godes bēacna sum
447. geofon dēade hwēop
550. here stille bād

43. grétte Géatà léod.

44. þégn nýttè behēold
fehlen.

45. átol ýdà geswíng.
249. bidon ealle þā gēn

46. fýrst fórd gèwát.
88. fyrd eall geseah
191. cūd oft gebād
200. wōp up ā-hafen
253. bord up ā-hōf·
315. dēop lēan forgeald
459. storm up gewāt
461. lyft up geswearc
482. flōd blōd gewōd
506. dēop lēan gescēod
507. hām eft ne cōm

47. wérod éall à-rás.
41. dugōd ford gewāt
46. heofon þider becōm
100. werod eall ā-rās
248. fana up gerād
299. werod eall ā-ras
334. micel an-getrum
346. mægen ford gewāt
499. mægen eall gedrēas

48. léoda lândgèwéorc.
fehlt.

57. Wélændès gewéore.

108. ofenna gehwäm

58. iedelinyà gedriht.

6. liñgendra gehwäm

59. ān-freáldnè gepóht.

330. grīm-helma gegrind
383. wer-þeoda geweald
473. orf-lāstum gewuna

60. wórold-āre forgéaf.
fehlt.

IV⁴ (C). (×)×(×) ×́×××̀ .
61. swà rí×ö́dè.

10. gewyrdūde
65. ymb-wícīgean
89. hū þær þlīfēdon
256. wolde reordīgean
270. þæt gē gewurdīen
378. þæt from Nōēe
391. gelimbrēde
420. nū þīn cunnōde
515. þanon Israhelum
530. nū ūs bōcēras
548. swā reordūde
555. hafad ūs on Cananea

62. hìm sē ýldēstà.

8. þone on westenne
31. and gewurdūdne
112. ofer scēotendum
123. þæt hē on westenne
364. þone dēopestan
393. sē wīsesta
437. tō gesecgenne
443. ōd Egipte
451. wæron Egypte
503. þæt wæs mihtigra

49. wórd-hórd ònléac.

58. uncud gelād
77. līg-fýr ā-dranc
129. fyrd-wīc ā-rās
135. fȳr-spell becwōm
137. wræc-mon gebād
139. oht-nīed gescrāf
174. grīm-helm gespēon
289. sūd-wind fornam
302. sǣ-weall ā-stāh
313. un-end gelād
354. land-riht gepāh
398. ād-fýr onbran
407. folc-cūd getēag
450. wæl-mist ā-stāh
467. holm-weall ā-stāh
491. wit-rōd gefēol.

50. médo-stig gèmǽt.

512. mere-dēad geswealh.

III. (E). (×) ×́×××̀(×) ×́
51. égsödè éorl.

14. Faraones cyn
18. Abrahames sunum
66. Aethānes byrig
198. Israhela cyun
265. Israhela cyn
273. Abrahames god

52. múrnèndè mód.

50. Egypta folc
56. fæstenna worn
73. byrnendne heofon
213. wæccende bād
321. gyldenne lēon
487. helpendra pad
505. Egyptum weard

53. iedelinges fer.
fehlt.

63. hû þû ǽdelîngàs.

264. þæt hīe lifigende
324. þē him lifigendum

64. în geár-dàgùm.

4. in up-rodor
37. hæfde mān-sceadan
43. wæron hleahtr-smidum
66. mid æl-fere
72. wid fǣr-bryne
94. in beorht-rodor
95. þāra ǣg-hwæðer
110. ofer lēod-werum
124. nymðe hīe mōd-hwate
126. gesāwon rand-wigan
146. ðā hēo his mæg-winum
172. him þær segn-cyning
198. tō þām ǣr-dæge
208. hæfde nyd-fara
244. hū in lēod-scipe
250. hwonne sīd-boda
254. hēht þā folc-togan
314. for his mæg-winum
343. ofer gār-fare
347. þā þær folc-mægen
350. on ford-wegas
397. tō þām medl-stede
409. þæt hē him fīf-dagas
423. in līf-dagum
448. wæron beorh-hlidu
495. þæt dŷ dēad-drepe
521. on þām sīd-fate
526. hafað wīslicu
534. þysne gyst-sele
542. on þām medl-stede
558. mid ād-sware
559. in fyrn-dagum
589. on dēad-stede

65. þæt ic sǽ-næssàs.

59. oð þæt hīe on Gūd-myrce
82. swā þā mæst-rāpas

54. béàg-hröðèn cwéèn.

69. Sigelwara land.

55. wéord-mŷndùm þàh.

6. lang-sumne rīð
15. gyrd-wīte band
21. cnēo-māga fela
24. sōd-wundra fela
34. driht-folca mǣst
38. frum-bearna fela
63. tīr-fæstne hæled
67. mearc-londum on
74. hāt-wendne lyft
79. dǣg-scealdes hlēo
85. feld-hūsa mǣst
121. bell-egsan hwēop
154. or-trywe weard
167. lēod-mægnes fyl
173. mearc-þrēate rād
176. wæl-hleucan scēoc
179. land-manna cyme
195. lēod-mægnes worn
208. niht-langne fyrst
239. fīc-wunde swor
250. sǽ-strēamum nēah
251. lyft-edoras bræc
258. wurd-myndum spræc
279. fǣr-wundra sum
281. gār-secges dēop
318. cnēow-māga blǣd
355. frēo-māgum lēof
405. lang-sumne hiht
469. ford-ganges nēp
477. blōd-egesan hwēop
480. wæl-fædmum swēop
493. flōd-wearde slōh
523. bān-hūses weard
578. eall-wundra fela
589. driht-folca mǣst

83. ne dä segl-rōde
119. on fĕr-clamme
153. on þām spild-sīde
168. hrēopon mearc-weardas
211. wǣron or-wēnan
225. on þām ford-herge
236. under bord-hrēodan
242. gif him mōd-hēapum
247. þā wæs hand-rōfra
271. and ēow līf-frēgan
288. in fcnysse
315. þæs dǣg-weorces
320. ofer bord-hrēodan
321. in þām gār-hēape
345. ofer gār-secge
359. swā þæt or-þancum
360. þā þē mǣg-burge
401. in bæl-blȳse
506. þæs dǣg-weorces
519. swā gȳt wer-þēode
538. swā nū regn-þēofas
543. þonne hē sōd-fæstra
575. for þām dǣd-weorce
579. þā wæs ĕd-fynde
584. ongunnon sæ-lāfe
585. on ȳd-lāfe

66. ōfer lágu-strǣtè.

5. æfter bealu-sīde
75. hæfde weder-wolcen
120. hæfde fore-genga
122. in þām here-þrēate
148. wǣron hēado-wylmas
238. nē him bealu-benne
257. ofer here-ciste
297. synt þā fore-weallas
318. ofer cyne-rīcu
323. be þām here-wīsan
453. woldon here-blēade
504. wolde heoru-fædmum
512. ac þā mægen-þrēatas
516. on mere-hwearfe
527. wile meagollīce

56. wlíte-bĕorhtnè wáng.

42. woruld-drēama lȳt
115. heofon-candel barn
306. freodo-wǣre hēold
316. sigor-worca hrĕd
329. headu-mægnes ræs
460. here-wōpa mǣst
485. heofon-rīces weard
503. mere-flōdes weard
510. bealo-spella mǣst
553. mægen-wīsa trum

57. Wélùndès gewéorc.

4. ĕadigra gehwām
587. Josēpes gestrēon

58. ǽdelìngà gedríht
fehlt.

59. án-fĕaldnè gepóht.

60. lyft-helme beþeaht
109. setl-rāde behēold
128. lēod-mægne forstōd
338. frēo-brōdor od-þāh
343. gūd-cyste onþrang
344. dǣg-wōma becwōm
446. flōd-egsa becwōm

60. wórold-árè forgéaf.

107. heofon-bēacen āstāh
361. fæder-ædelo gehwæs

IVᵃ (C). (x)x̌(x) | x́x̌ẍx̌

61. swà rixòdè.

86. geweordōde
272. þær gē sīdīen
303. wid Israhelum

62. hìm sē ýldèstà,
63. hù þā ǽdelìngàs
fehlen.

2*

67. òn béarm scìpès.

12. hē wæs lèof gode
33. þā wæs iū gere
60. wæron land heora
135. dǣr on fyrd hyra
194. swā þær eorp werod
375. on bearm scipes
414. ne wolde him beorht fæder
431. hē ād swered
509. þætte sīd heora

68. ic tō sǣ wille.

fehlt.

69. òn fǽder bèarmè.

25. hū þās woruld worhte
93. him beforan foran •
263. tō dæge þissum

70. tò brímes fàrodè.

fehlt.

IVᵇ . (D¹). (×)×× | ×××× |

71. stíg wisòdè.

50. eald-wērīge
·156. fyrd Faraones
217. folc somnīgean
309. swēg swidrōde
444. land Cananea
481. flōd fāmgōde

72. góde þìncòdè.

91. dugod Israhela
341. sunu Simeones
379. fæder Abrahames
458. mere mōdgōde

73. Béowulf mádelòdè.

147. wrōht berenēdon.

74. sǽ-lìdèndè.

45. folc ferende
84. eord-būende

64. in gèár-dàgùm.

26. and up-rodor •
32. on ford-wegas
68. on nord-wegas
155. of sūd-wegum
224. wid þām tēon-hete
337. him on lēod-sceare
379. on folc-tale
429. and up-rodor
544. on up-rodor

65. þèt ic sǽ-mǽssàs.

127. od þæt sǣ-fæsten
163. ofer driht-nēum
185. and cnēow-māgas
434. and cnēow-māga

66. òfer lágu-strǣtè.

197. tō þām mægen-hēapum
365. on woruld-rīce
367. ofer lagu-strēamas
393. on woruld-rīce
402. tō sige-tībre

67. òn béarm scìpès.

172. wid þone segn foran
243. him wīg curon
268. ēow is lār godes
274. se dās fyrd wered
287. þā ford heonon
291. ic wāt sōd gere
319. þā hīe on sund stigon
353. him wæs ān fæder
363. mid his þrīm sunum
478. ād þæt sōd metod
501. hē onfond hrade
563. bid rower blæd micel
568. on hild godes

68. ic tō sǣ wille.

19. and him hold frēga
83. gescēon meahton

96. *h*ēah-þegnunga
184. *t*īr-ēadigra
231. *g*ār-berendra
260. *s*weord-wīgendra
333. sæ-wīcingas
373. *m*is-micelra
392. *a*lh hāligne
412. *u*nweaxenne
435. *r*and-wiggendra
477. *h*rim *b*erstende
518. *d*ēop ǣrende

75. séle-*ræ*dēnde.

62. *f*ela meoringa
452. *f*lngon *f*orhtigende

76. *é*del *Scyldinga*.

326. þēoda ǣnigre.

77. lēof lánd-frúmá.

14. *f*rom *f*olc-toga
40. *l*ād *l*ēod-hata
248. *f*ūs *f*ord-wegas
327. *h*eard *h*and-plega
354. *l*ēof *l*ēod-fruma
399. *f*yrst *f*erhd-bana

78. brégo 'Béorht-Dēná.

15. *g*odes and-sacan
474. *n*acud *n*ȳd-boda

79. mǣre méarc-stápá.

58. *e*nge *u*n-paðas
70. for*b*ærned *b*urh-hleoðn
71. *h*ātnm *h*eofon-colum
76. *e*ordan and *u*p-rodor
77. *l*ædde *l*ēod-werod
106. *f*ūron *f*lōd-wege
114. *n*ēowle *n*iht-scuwan
171. *m*ǣ-ton *m*īl-paðas
267. *f*ǣge *f*erhd-locan
293. *e*orlas ǣr-glade

373. þonne *m*en cunnon
442. bē sǣm twēonum
513. sē ðe *s*pēd āhte
514. *h*īe wid *g*od wunnon
562. bē sǣm twēonum
586. heom on riht scēode

69. *ò*n *fæ*der bēarmè.

1. ge*f*rigen habbad
29. þēah hīe *f*ela wiston
52. gif hīe *m*etod lēte
64. ōd-*f*aren hæfdon
131. hyra *m*ægen bēton
144. siddan *g*rame wurdon
212. in *b*lacum rēafum
238. gebiden hæfdon
259. þēah þe Faraon brōhte
372. ge*f*eled rīme
383. hē on *w*ræce lifde
413. gif hine *m*etod lēte
438. in *s*efan weorde
457. þǣr *w*r *w*egas lāgon
519. on ge*w*itum findad
554. sē dās *f*are lǣded

70. tò brímes *f*ǣrodè.
*f*ehlt.

IV[b]. (D[1]) (x)×× ××××

71. stíg *w*ísōdè.

40. *l*and drysmyde
158. *g*ūd hwearfode
278. *o*n *l*ōcīad
348. ōn *w*īsōde
408. *e*cg grymetōde
470. *s*and basnōdon

72. góde þúncōdè.

78. *h*æled wāfēdon
113. *s*ceado swidrēdon
242. *m*ægen swidrāde
331. *f*lota mōdgāde

297. wrætlicu weg-farn
342. þridde þeod-mægen
374. snottor sæ-leoda
513. spilde spel-bodan
547. weroda wuldr-cyning

80. féond món-cÿnnès.

136. oht in-lende
164. wonn wæl-ceasga
253. heald beo-hāta

81. frómum féoh-gÿftùm.

113. scinon scyld-hreodan
133. flotan feld-hūsum
159. blicon bord-hreodan
175. cyning cin-berge
223. flotan feld-hūsum
283. wæter weal-fæsten
483. wicon weall-fæsten

82. síde sæ-nèssàs.

11. ēce al-walda
39. ā-brocene burh-weardas
182. þurstge þræc-wīges
289. sælde sæ-grundas
313. ān on-ōrette
328. wæpna wæ-slihtes
356. cende cnēow-sibbe
370. eallum eord-cynne
388. hālge hēah-trēowe
491. wēollon wæl-benna
508. ealles ungrundes
531. lengran lyft-wynne

83. héall héoru-drèorè,
84. hróden éalo-wǣgè
jehlen.

85. hwéttou hlÿe-rófnè.

17. mōdgum mago-ræswum
27. gesette sige-rīce
36. swæfon sele-drēamas

376. hæled bryttīgad
389. sunu Dauīdes
463. rodor swīpūde
465. cyre swidrūde

73. Béowulf mádelòdè
jehlt.

74. sæ-lídèndè.

184. twā þūsendo
231. gūd-fremmendra
232. ūr-eadigra
392. eord-cyninga
424. unswīciendo
498. brūn yppinge
581. hals-wurdunge

75. séle-rædèndè.

410. heofon-cyninge
500. dugod Egypta

76. édel Scÿldìngà,
77. léof lánd-frùmà
jehlen.

78. brégo Béorht-Dèuà.

502. godes and-saca
528. godes þēod-scipes

79. mére méarc-stùpà,
80. féond món-cÿnnès
jehlen.

81. frómum féoh-gÿftùm.

3. wera cnēo-rissum
49. fela missēra
180. wigan unforhte
188. wigan ūg-hwilcne
328. wigan unforhte
420. cyning al-wihta

55. mōdig mago-rēswa
99. hebban here-bȳman
102. mᵉre mago-rēswa
131. mōdge mete-þegnas
161. hrēopon here-fugolas
177. hēt his here-ciste
181. hāre heoru-wulfas
241. hāre heado-riucas
284. haswe here-strᵋta
301. hōfon here-cyste
484. multon mere-torras
562. gesittad sige-rīce
565. sungon sige-bȳman
574. hōfon here-þrēatas
583. hēddon here-rēafes

86. bōt éft cǘmàn.

125. scēan scīr werod
282. ȳd up færed
514. ā-gēat gylp wera

87. swútol sány scöpès.

219. beran beorht searo

88. scéncte scír wërèd
fehlt.

89. gád-rínc möníg.

9. sōd-fæst cyning
149. miht-mōd wera
390. wuldr-fæst cyning
445. frēo-bearn fæder

90. mágo-dríht mĩcel.

157. ofer-holt wegan

Reste.

162 . . . .
340. þær æfter him
486. wer-bēamas

82. síde sĩe-nǽssàs,

83. héall héoru-drēorè,

84. hróden ēalo-wǣgè,

85. hwétton híge-röfnè
fehlen.

86. bōt éft cǘmàn.

414. bearn ǣt niman
525. rᵋd ford gāed

87. swútol sány scöpes,

88. scéncte scír wërèd
fehlen.

89. gád-rínc möníg.

55. mᵋg-burh heora
92. wīc-steal metan
104. lift-wēg metan
160. þēod-mearc tredan
166. cwyld-rōf beodan
236. brēost-net wera
263. dǣd-lēan gyfan
358. on-riht godes
385. hēah-lond stigon
466. wīg-bord scinon
492. hand-weorc godes
497. flōd-blāc here
535. mān-hūs witon
539. eft-wyrd cymed
577. fyrd-lēod galan

90. mágo-dríht mĩcel
fehlt.

Reste.

145. ymb an-wig
161 . . . .

Vergleichen wir diese Zusammenstellung der Verse des
Exodus mit derjenigen der ersten 1000 Verse des Beowulf-
liedes (Studien zum germ. Alliterationsvers, Heft 2), so er-
giebt sich, dass die von Kaluza dort vorgenommene Ein-
teilung in neunzig Unterarten sehr wohl auch für den
Exodus brauchbar ist. Es fehlen allerdings in diesem weit
kürzeren Gedichte einige schon im Beowulf selten vor-
kommende Typen (18. 20. 30. 38—40. 44. 70. 76. 83. 84.
88.); ein Bedürfnis nach anderweitiger Abgrenzung der
Versarten liegt jedoch nicht vor. Bei näherem Zusehen
findet man weiter, dass auch alle die von Kaluza in den
Erläuterungen gegebenen Regeln über die sprachliche Aus-
füllung der einzelnen Typen, über Verschiedenheiten zwischen
der ersten und zweiten Halbzeile, über die Forderung der
sprachlichen Länge für bestimmte Hebungen, über die
Notwendigkeit der Doppelalliteration für gewisse Typen
oder ihre Beschränkung auf die erste Halbzeile etc. im
Exodus auf das genaueste beobachtet sind, soweit eben
nicht die mangelhafte Ueberlieferung Textverderbnisse her-
beigeführt hat.

Diese durch die Anwendung der Vierhebungstheorie
auf den ae. Alliterationsvers sich ergebenden Regeln setzen
uns nunmehr in den Stand, die bisherigen Ausgaben alt-
englischer Texte an einer grossen Anzahl von Stellen zu
bessern und insbesondere unter den zahlreichen Aende-
rungsvorschlägen der Herausgeber sofort mit Sicherheit die-
jenigen auszuwählen, welche den Gesetzen des ae. Vers-
baues entsprechen und darum auch allein zulässig sind.
Indem ich mir vorbehalte, eine eingehendere textkritische
Besprechung der Caedmonschen Dichtungen im Anschluss
an Wülkers Ausgabe an anderem Orte zu geben, beschränke
ich mich hier darauf, zunächst für den Exodus diejenigen
Abweichungen von Wülkers Text kurz anzuführen, die aus
metrischen Gründen sich als durchaus erforderlich heraus-
stellen. Die bereits von anderen Forschern vorgeschlagenen
Textbesserungen sind dabei in jedem einzelnen Falle genau

bezeichnet (Bou. = Bouterwek: Ettm. = Ettmüller: Gr. =
Grein: Kl. = Kluge: S. = Sievers; Th. = Thorpe). Die
an erster Stelle angeführte Lesart ist die der Wülkerschen
Ausgabe.

1. *habad*] *habbad* Gr. — 14. *freom*] *from* Kl. — 19.
frea] *frēga* S. — 43. *hleahtor-smidum*] *hleahtr- smidum*. —
53. *onlangne lust*] *on langne lust* oder *lāst* Kl. — 56. *fæstenu* |
fæstenna. — 108. *æfenu*] *āfennu*. — 118. *har hæd*] *hāres
hǣdes* S. Da *hǣd* fem. ist, lese ich *hærre hǣde*. — 119. *o* |
on Kl. — 127. *sweoton*] *swēotum* Gr. - 141[b]. Kl. ergänzt
ūr ge[lȳfde]. — 160. Bou. verbindet *þēod-mearc*. — 161 f.
On hwæt hreopon · herefugolas || *hilde grædige* . . . .
Mit Kl. streiche ich *on hwæt* und lese *hreopon here-fugolas ·
hilde-grædge* als einen Vers. — 167. *ful*] *fyl* Kl. — 180.
wigend] *wigan* S. — 181. *heorawulfas*] *heoro-wulfas* Kl. —
183. *alesen*] *ā-lesene* Kl. — 194. *ēc anlæddon*] *ēcan lǣddon*
Gr. Kl. — 226. *rofa*] *rōfra* Kl. — 239[a]. *ofer linde lǣrig* |.
Dieser Vers (vgl. auch Byrht. 284: *bærst bordes lǣrig*) be-
weist, dass *lǣrig* mit kurzem *æ* anzusetzen ist. — 241.
onþeon] *onþihan* S. — 243[b]. Ich ergänze [*him*] *wīg curon* ;
vgl. Gen. 1803: *and him þær wīc curon*. — 246. Kl. er-
gänzt *gār-bēames feng* [*grētan mihte*] — 248b. S. ergänzt
fana up [ge]rād. — 283[a]. *wæter and wealfæsten*] Gr. (Bibl.
I. 368) streicht *and*. — 288[a]. *in ece*] *in ēcnysse* Kl. — 291.
spau] *span* bs. Kl. — 297. *syndon*] *synt*. — 305[b]. Kl. er-
gänzt [*swylce him gēta weall*]. — 307. *hige* | *hīe* Bou. —
308. *near* | *nēahor* S. — 309. *sances*] *sanges* Gr. — 328.
wigend] *wigan* S. — 334. *man*] *manna* S. — 345[a]. Die Er-
gänzungen von Ettm. Gr. *ofer gār-secges* [*begang*], Kl.
[*grund*], Bou. [*gin*] ergeben einen zu langen Vers. Wir
müssen lesen *ofer gār-secge* (vgl. Ex. 79 f.: *dūg-scealdes
hlēo wand ofer wolcnum*) oder *ofer geofenes begang*; vgl.
Beow. 362. — 364[b]. *drencfloda* | Nach Gen. 1398: *sō drence-
flōd* ist hier zu lesen *drence-flōda*. — 378. *Noe*] *Nōe*. —
390. *waldorfæst* | *waldr-fæst*. — 391[b]. *tempel gode* ist zu
kurz, weil nur dreihebig. Ich lese *tempel drihtne*. — 397.

medelstede] *medl-stede*. — 413. *god*] *metod* Gr. — 414. *æt-niman*] *æt niman* S. — 422. *freodo*] *frēode*. — 466. *sæs*] *wæges* Gr. — 479. *mödye rÿmde*] *möd gerÿmde* Bou. — 482. Gr. Kl. verbinden *lagu-land*. — 498. *onbugon* | *on būgum* Hs. — 499. *modewæga*] *möd-wǣga* Gr. — 502ª. Gr. ergänzt *siddan* [*grund*] *gestāh*. — 515ª. Gr. ergänzt [*spilde* | *spel-bodan*. — 524. *cǣgon*] *cǣgum* Gr. — 531. *lyft wynna*] *lyft-wynne* Grimm. — 539. *cynid*] *cymēd* S. — 542. *medel-stede*] *medl-stede*. — 545ª. Gr. ergänzt *þūr* [*is*] *leoht and līf*. — 547. *wuldorcyning*] *wuldr-cyning*. — 573ᵇ. Gr. ergänzt *siddan hīe þām* [*herge*] *wid-fōron*. — 577. *golan* | *galan* Hs.

Wie bereits oben bemerkt, stimmt der Bau der Verse selbst mit der im Beowulf befolgten Praxis durchaus überein: aber es besteht eine grosse Verschiedenheit zwischen Beowulf und Exodus in der Häufigkeit der Verwendung der einzelnen Typen und damit auch in dem Verhältnis der beiden Halbzeilen zu einander.

Berücksichtigen wir zunächst nur die Gesamtzahlen für die sechs Grundformen A. B. D^2, E, C. D^1 und berechnen wir die für den Exodus (588 Verse [1])) sich ergebenden Zahlen im Durchschnitt auf 1000, um sie mit den von Kaluza für die ersten 1000 Verse des Beow. gegebenen vergleichen zu können, so erhalten wir folgendes Bild:

Typus	Exodus 1—589		Exodus-Durchschn.		Beowulf 1—1000	
	I	II	I	II	I	II
A	244	289	415	492	489	353
B	58	80	99	136	113	220
D^2	29	42	49	71	26	56
E	44	70	75	119	48	58
C	112	58	191	99	188	205
D^1	99	48	168	81	133	104
Reste	2	1	3	2	3	4

Im Vergleich zum Beowulf finden wir also im Exodus den Typ. A etwas seltener in der ersten, aber erheblich

---

[1]) Grein-Wülkers Ausgabe zählt 589 Verse, da dort irrtümlich ein Vers in zwei (161/162) zerlegt worden ist (s. o. p. 25).

verstärkt in der zweiten Halbzeile. Die Typen B und
C kommen in der ersten Vershälfte ungefähr ebenso oft vor
als im Beowulf. in der zweiten aber treten sie ganz auf-
fallend zurück. Noch merklicher ist die starke Bevor-
zugung der Typen D^2 und E in beiden Halbzeilen, zumal
wenn man berücksichtigt, dass gerade diese beiden Typen
in auderen alliterirenden Gedichten, z. B. bei Cynewulf
(s. Cremer und Frucht a. a. O.) oder im Heliand (s. Kauf-
mann, Zur Rhythmik des Heliand, Beitrg. XII.), viel sel-
tener begegnen als im Beow. Gerade diese Häufigkeit der
D^2- und E-verse bildet also ein charakteristisches Merk-
mal des Exodus, durch das er sich von allen Denkmälern
der Alliterationspoesie scharf unterscheidet.

Durch diese Abweichungen in der Häufigkeit der ein-
zelnen Versarten erleidet nunmehr auch die Verteilung der
Verse derselben Grundform auf die beiden Halbzeilen eine
wesentliche Verschiebung. Im Beowulf sind die Typen A
und D^1 in der ersten Halbzeile häufiger als in der zweiten,
umgekehrt B, D^2, E, C in der zweiten häufiger als in der
ersten. Im Exodus dagegen überwiegen C und D^1 in der
ersten Halbzeile, A, B, D^2, E in der zweiten. Im einzelnen
erhalten wir für das Verhältnis der ersten zur zweiten
Halbzeile jeder Grundform im Exodus und im Beowulf
folgendes Bild:

Typus	Exodus	Beowulf
A	100 : 118	100 : 72
B	100 : 138	100 : 195
D^2	100 : 145	100 : 215
E	100 : 161	100 : 121
C	100 : 52	100 : 109
D^1	100 : 49	100 : 78

Wenn bereits diese blosse Gegenüberstellung der haupt-
sächlichsten Gruppen der Alliterationsverse eine in die Augen
springende Verschiedenheit für die Metrik des Beowulf und
des Exodus kenntlich macht, so wäre diese Thatsache allein

genügend, um die mehrfach aufgestellte Behauptung zu
entkräften, dass die metrischen Verhältnisse des ae. Allite-
rationsverses sich bei allen Dichtern jener Zeit durchaus gleich-
bleiben. Allein erst eine eingehende Vergleichung der zahl-
reichen Unterarten dieser sechs rhythmischen Hauptschemata
zeigt die unterscheidenden Kriterien, durch welche die beson-
dere Eigenart der einzelnen Dichter bei der Verwendung der
ihnen in so reicher und bunter Mannigfaltigkeit zu Gebote
stehenden metrischen Mittel hervortritt.

Die nachstehenden Tabellen geben die Vergleichung
der einzelnen Unterarten der Grundformen zwischen Exod.
und Beow., und zwar zeigt die erste Spalte die absoluten
Zahlen für den Exodus, die zweite dieselben im Durch-
schnitt auf 1000 Verse berechnet, während in der dritten
zur Vergleichung die für die ersten 1000 Verse des Beowulf
geltenden Zahlen beigefügt sind.

Grundform I. (A.) 1—30.

Typus	Exod. 1—589		Ex.-Durchschn.		Beow. 1—1000	
	I	II	I	II	I	II
A¹ 1.	67	162	114	276	120	188
2.	14	35	24	60	45	53
3.	16	10	27	17	41	18
4.	11	2	19	3	12	3
5.	3	25	5	43	19	55
6.	18	17	31	29	41	13
7.	8	5	14	8	17	5
8.	3	11	5	19	2	1
9.	5	9	8	15	5	3
10.	1	—	2	—	6	—
A² 11.	7	6	12	10	27	8
12.	4	2	7	3	15	—
13.	2	—	3	—	2	—
14.	15	4	26	7	12	—
15.	4	—	7	—	8	—
16.	6	1	10	2	16	3
17.	2	—	3	—	5	—
18.	—	—	—	—	5	2
19.	2	—	3	—	5	—
20.	—	—	—	—	4	—

Typus	Exod. 1—589		Ex.-Durchschn.		Beow. 1—1000	
	I	II	I	II	I	II
A³ 21	6	—	10	—	2	—
22.	24	—	41	—	14	—
23.	2	—	3	—	4	—
24.	3	--	5	—	1	—
25.	6	—	10	—	8	—
26.	8	--	14	—	25	—
27.	1	—	2	—	21	—
28.	4	—	7	—	5	—
A⁴ 29.	2	--	3	--	1	1
30.	—	—	—	—	1	—
Summa	244	289	415	492	489	353

Die bemerkenswerthesten Abweichungen des Exodus
vom Beowulf in der Anwendung der A-verse sind also
folgende: Die häufigste und gebräuchlichste Unterart, Typus 1
(*lange hwīle*) ist in der zweiten Halbzeile im Exodus fast
um die Hälfte häufiger als im Beow., die Typen 2 (*folcum
gefrǣge*), 3 (*folce tō frōfre*) und 5 (*land gesāwon*) sind da-
gegen in der ersten Halbzeile weit seltener. In der zweiten
Vershälfte ist Typus 5 im Exodus weniger zahlreich als
im Beowulf, Typ. 6 (*geong in geardum*) dagegen mehr als
doppelt so oft gebraucht. Die im Beowulf nur vereinzelt
vorkommenden Typen 8 (*sōd is gecȳded*) und 9 (*flota wæs
on ȳdum*) sind im Exodus, besonders in der zweiten Halb-
zeile, viel häufiger.

Von den A²-versen [1]) kommt Typus 11 (*wīs-fæst wor-
dum*) in der ersten Halbzeile etwa halb so oft, Typus 14
(*Grendles gūð-cræft*) dagegen etwa doppelt so oft vor als
im Beowulf; letzterer steht im Exodus auch einigemal in
der zweiten Vershälfte. Seltener als im Beowulf finden

---

[1]) Abweichend von Kaluza habe ich zu den A²-versen nur die-
jenigen Verse gerechnet, bei denen eine oder beide Nebenhebungen
auf den zweiten Teil eines Compositums fallen, nicht aber diejenigen,
bei denen eine schwere Ableitungssilbe -*end*, -*ing* in der Nebenhebung
steht. Daraus folgt dann eine geringe Verschiebung der von Kaluza
für Typus 1, 11, 14, 18, 22, 28 des Beowulfliedes angegebenen Zahlen.

wir im Exodus Typus 12 (*folc-stede frætwan*), 16 (*heah and horn-geap*) und 19 (*nyd-wracu næi-grim*); die Typen 18 (*snellic sæ-rinc*) und 20 (*gamol-feax ond gūd-rōf*) fehlen ganz.

Die Gesamtzahl der A³-verse ist im Exodus (92) und Beowulf (80) ungefähr dieselbe. Aber während im Beowulf die mit einem zweisilbigen Worte mit langer Stammsilbe beginnenden Typen 21 (*hæfde sē gōda*) und 22 (*sōna þæt onfunde*) seltener sind als die mit einsilbigen mit kurzer Stammsilbe beginnenden Typen 23 (*ēow hēt secgan*), 24 (*ic hine cūðe*), 25 (*ic þæt gehȳre*), 26 (*þā wæs on burgum*) und 27 (*nū gē mōton gangan*) (16 < 59), gehört im Exodus umgekehrt die Mehrzahl der A³-verse zu der ersteren Gruppe (51 > 34), namentlich ist Typus 27 im Exodus nur ein einziges Mal anzutreffen, während er sonst zu den beliebtesten Unterarten des A³-typus gehört.

Grundform IIₐ (B) 31—40.

Typus	Exod. 1—589		Ex.-Durchschn.		Beow 1—1000	
	I	II	I	II	I	II
31.	41	54	70	92	77	134
32.	7	14	12	24	15	27
33.	2	—	3	—	3	10
34.	5	7	8	12	5	26
35.	2	3	3	5	5	10
36.	—	1	—	2	3	2
37.	1	1	2	2	4	8
38.	—	—	—	—	1	—
39.	—	—	—	—	—	2
40.	—	—	—	—	—·	1
Summa	58	80	99	136	113	220

In der ersten Halbzeile sind die Unterarten der B-verse in beiden Gedichten ungefähr gleich häufig, in der zweiten Halbzeile aber sind besonders die Typen 31 (*him on bearme læg*) und 34 (*him þā Scyld gewāt*) erheblich seltener; Typus 33 (*þām wīfe þā word*) fehlt dort ganz. Die im Beowulf nur vereinzelt vorkommenden Typen 38—40 sind im Exodus gar nicht vertreten.

Grundform II^b (D^2) 41—50.

Typus	Exod. 1—589		Ex.-Durchschn.		Beow. 1—1000	
	I	II	I	II	I	II
41.	10	1	17	2	5	11
42.	7	5	12	8	5	12
43.	1	—	2	—	5	—
44.	—	—	—	—	1	3
45.	4	1	7	2	2	1
46.	2	10	3	17	1	11
47.	—	8	—	14	1	5
48.	1	—	2	—	1	—
49.	3	16	5	27	2	11
50.	1	1	2	2	3	2
Summa	29	42	49	71	26	56

Steht am Eingange der B-verse ein stärker betontes Wort, das gleichzeitig Träger der Alliteration ist, so ergibt sich die Grundform II^b, von Sievers D^2 oder neuerdings D^4 genannt. Wie oben erwähnt, sind die D^2-verse im Exodus weit häufiger anzutreffen als im Beowulf, und zwar kommen für die erste Halbzeile besonders die Typen 41 (*blǣd wīde sprang*) und 42 (*flota stille bād*) in Betracht; beide begegnen mehr als doppelt so oft wie im Beowulf. In der zweiten Vershälfte sind diese Typen 41, 42 seltener verwendet als im Beowulf; die Typen 46 (*fyrst forð gewāt*), 47 (*werod eall ā-rās*) und besonders 49 (*word-hord onlēac*) sind dagegen erheblich bevorzugt.

Grundform III (E) 51—60.

Typus	Exod. 1—589		Ex.-Durchschn.		Beow. 1—1000	
	I	II	I	II	I	II
51.	3	6	5	10	1	—
52.	5	7	8	12	5	4
53.	1	—	2	—	2	1
54.	1	1	2	2	—	3
55.	25	35	43	60	23	31
56.	4	10	7	17	7	10
57.	1	2	2	3	2	—
58.	1	—	2	—	—	1
59.	3	7	5	12	5	3
60.	—	2	—	3	3	5
Summa	44	70	75	119	48	58

Hinsichtlich der Grundform III, dem Sieversschen Typus E, haben wir bereits oben (p. 27) mit Nachdruck betont, dass ihr überraschend häufiges Vorkommen dem Exodus eine Sonderstellung in der gesamten ae. Alliterationspoesie anweist. Die Hauptverstärkung trifft dabei den schon im Beowulf beliebtesten Typus 55 (*wreord-myndum þāh*); doch weisen auch die anderen Typen höhere Zahlen auf als im Beowulf.

Grundform IV_a (C) 61—70.

Typus	Exod. 1—589		Ex.-Durchschn.		Beow. 1—1000	
	I	II	I	II	I	II
C¹ 61.	12	3	20	5	6	2
62.	10	—	17	—	15	3
63.	2	—	3	—	2	—
C¹² 64.	33	9	56	15	50	23
65.	28	4	48	7	54	18
66.	15	5	26	8	26	9
C³ 67.	9	13	15	22	25	61
68.	—	8	—	14	3	45
69.	3	16	5	27	6	41
70.	—	—	—	—	1	3
Summa	112	58	191	99	188	205

Wurden nicht die drei ersten Hebungen, sondern die drei letzten zu einem Ganzen zusammengezogen, so ergab sich die Grundform IV, die in die Unterabtheilungen IV_a (C) und IV^b (D¹) zerfällt, je nachdem die erste Hebung schwächer oder stärker ausgefüllt ist. Bei den C-versen macht sich gegenüber dem Beowulf ein deutliches Zurücktreten in der zweiten Halbzeile bemerkbar. Vorzugsweise gilt dies für die Gruppe C³, d. h. für solche Verse, bei denen der Schlusstakt aus zwei selbständigen Wörtern besteht (Typus 67—70). Die Zahl der zu Typus 67 (*on bearm scipes*) und 68 (*ie tō sæ wille*) gehörigen Verse beträgt im Exodus etwa den dritten Teil der für den Beowulf geltenden Zahlen und auch Typus 69 (*on fæder bearme*) ist im Exodus erheblich seltener.

Grundform IV^b (D^1) 71—90.

Typus	Exod. 1—589		Ex -Durchschn.		Beow. 1—1000	
	I	II	I	II	I	II
71.	6	6	10	10	2	24
72.	4	8	7	14	—	11
73.	1	—	2	—	10	—
74.	13	7	22	12	15	19
75.	2	2	3	3	8	14
76.	1	—	2	—	2	—
77.	6	—	10	—	12	—
78.	2	2	3	3	5	4
79.	15	—	26	—	18	—
80.	3	—	5	—	8	10
81.	7	6	12	10	14	9
82.	12	—	20	—	6	—
83.	—	—	—	—	4	2
84.	—	—	—	—	—	1
85.	18	—	31	—	10	—
86.	3	2	5	3	3	2
87.	1	—	2	—	1	2
88.	—	—	—	—	2	1
89.	4	15	7	26	8	2
90.	1	—	2	—	5	3
Summa	99	48	168	81	133	104

Auch die Grundform D^1 tritt im Exodus in der zweiten Halbzeile dem Beowulf gegenüber merklich zurück. Die Typen 71 (*stig wisode*), 74 (*sæ-lidende*) und namentlich 75 (*sele-rædende*) sind viel seltener gebraucht; Typus 80 (*freond man-cynnes*), der im Beowulf 10 mal vorkommt, fehlt hier ganz. Ungewöhnlich häufig ist dagegen im Exodus der Typus 89 (*gud-rinc monig*), der im Beowulf nur zweimal anzutreffen ist. In der ersten Vershälfte sind die Typen 71, 72, 74 und ganz besonders die sog. „gesteigerten" D^1-verse, bei denen im Eingange ein zweisilbiges Wort mit langer Stammsilbe einhebig gebraucht ist, Typus 79 (*mære mearc-stapa*), 82 (*side sæ-næssas*) und 85 (*hwetton higeröfne*) weit zahlreicher als im Beowulf.

Alliteration.

Die Regeln über die Setzung der Alliteration, die Kaluza (Stud. 2, 88—94) für das Beowulflied aufgestellt

hat, gelten in gleicher Weise auch für den Exodus. Inter-
essant ist die Stellung der Alliteration in den zwei Versen
Ex. 482: *lagu-land gefeol* (Typ. 50) und Ex. 149: *miht-mōd
wera* (Typ. 89), denn es beweist dort auch die Stellung des
Stabreims, dass Kaluza Recht hat, wenn er Verse wie
lagu-land gefeol zu Typus D², Verse wie *miht-mód werа*
zu Typus D¹ zieht, während Sievers irrtümlich die ersteren
als E-verse, die letzteren als A-verse ansieht. (Vgl. Kaluza,
Stud. 1 § 43. 60 f.; 2, p. 69. 81 f. 89 f.) Wenn also Luick
(Anglia, Beiblatt IV. 294 f.) auf die Stellung der Alliteration
ein so grosses Gewicht legt, dann wird er für diese zwei
Verse wenigstens Kaluzas Scandirung als berechtigt an-
erkennen müssen. Doppelalliteration in der ersten Halb-
zeile steht im Exodus wie im Beowulf ungefähr ebenso oft
wie einfache. Ich habe 299 Verse mit doppelter Alliteration
gezählt gegenüber 289 Versen mit einfacher. Im Beowulf
war das Verhältnis 513 : 487. Auch bei der Verteilung auf
die sechs Grundformen bleibt das Verhältnis zwischen
doppelter und einfacher Alliteration ungefähr dasselbe wie
im Beowulf, nämlich im Exodus:

	A	B	D²	E	C	D¹	Reste
Doppelall.:	147	16	26	26	7	77	—
Einf. All.:	97	42	3	18	105	22	2

im Beowulfliede:

	A	B	D²	E	C	D¹	Reste
Doppelall.:	308	35	26	37	23	84	—
Einf. All.:	181	78	—	11	165	49	3

Es überwiegt also im Exodus wie im Beowulf ein-
fache Alliteration in den Typen B und C, doppelte bei
A, E, D¹; bei D² sind im Exodus auch drei Verse mit
einfacher Alliteration, während im Beow. dieser Typus aus-
schliesslich Doppelalliteration zeigt. Hervorzuheben wäre
noch der Vers Ex. 38 *frēcne gefylled frum-bearna fela*, bei
dem auch der zweite Halbvers Doppelalliteration aufweist,
der ganze Vers also vier Reimstäbe enthält.
Seltener als im Beowulf finden wir aber im Exodus
gekreuzte Alliteration, nämlich nur in den Versen

323 *bē þām* here-wisan | *hȳndo ne woldon* und 522 *gif on-lūcan wile* | *līfes wealh-stōd*. In den ersten 1000 Versen des Beowulf waren dagegen 30 Fälle von gekreuzter Alliteration zu verzeichnen. (S. Kaluza, a. a. O. 2, 93.)

Dagegen ist im Exodus häufiger anzutreffen die von Kaluza (Stud. 2, 93) als Enjambement bezeichnete Erscheinung, dass das letzte, dem Hauptstab folgende Wort der einen Langzeile schon den Reimstab der folgenden Zeile vorausnimmt, so z. B.:

Ex. 5 f.   *æfter bealu-sīđe* | *hōte līfes*
           lifigendra gehwām | *langsumne ræd*

Ex. 21 f. *ofercōm mid þȳ campe* | *cnēomāga fela* |
           fēonda folc-riht

Ex. 47 ff. *druron dēofol-gyld.* | *Dæg wæs mǣre*
           ofer middan-geard, | *þā sēo mengeo fōr,*
           swā þæs fæsten drēah | *fela missēra*

Aehnlich ist es bei den Versen 7 8. 43 44. 52/53. 73 74. 102 103. 121 22. 131 32. 138 39. 229 30. 266 67. 282/83. 286 87. 295/96. 306 307/308. 346 47. 360 61. 368 69. 383 84. 398 99. 401/402. 419 20. 472 73. 478/79. 485 86. 495 96. 499/500. 548 49. 564 65. 583 84.

Fragen wir nach der Häufigkeit des Vorkommens der einzelnen Laute als Träger der Alliteration, so erhalten wir folgende Zahlen:

	Vocale	b	c	d	f	g	h	l	m
Exod.	79	34	14	23	78	30	63	44	64
Ex. ‰	134	58	24	39	133	51	107	75	109
Beow.	158	62	15	29	101	88	117	47	80

	n	r	s	sc	sp	st	t	þ	w
Exod.	8	12	50	3	2	3	6	7	68
Ex. ‰	14	20	85	5	3	5	10	12	116
Beow.	17	15	111	14	1	4	5	25	110

Gegenüber den von Kaluza (a. a. O. 2, 94) für die ersten 1000 Verse des Beow. aufgestellten Zahlen fällt also namentlich auf, dass die Laute *f, m* und *l* im Verhältnis viel öfter als im Beowulf den Stabreim bilden, ersterer sogar fast ebenso oft vorkommt als vocalische Alliteration. Dagegen werden im Exodus Vocale und *g* erheblich seltener zur Bildung der Alliteration verwendet, als im Beowulf; bei *h* und *w* ist das Verhältnis ungefähr dasselbe.

Verfasserfrage.

Nachdem wir durch die vorstehende Charakterisierung der sechs Grundformen und ihrer Unterarten ein von dem Beowulf scharf unterschiedenes Bild von den metrischen Eigenheiten des Exodus erhalten haben, wenden wir uns der Betrachtung derjenigen Abschnitte zu, welche auf Grund sprachlicher und inhaltlicher Untersuchungen als spätere Bestandteile der Dichtung ausgeschieden sind.

Den Ausgangspunkt der Specialarbeiten über den Exodus bilden die von Strobl (Germania XX. p. 292 ff.) gefundenen Ergebnisse. Er sucht die Liedertheorie auf das Gedicht anzuwenden und lässt nur einen sehr geringen Bestandteil als ursprünglich echt gelten. Nach seinen Ausführungen beginnt der eigentliche Exodus erst mit V. 135: die Einleitung und die zweite Fitte schreibt er zwei späteren Interpolatoren zu. Als ganz losgetrennt von dem Exodus scheidet er die sechste Fitte aus (V. 362—445). Balg (Diss.) stimmt diesem Resultate bei und fügt noch einige weitere sprachliche Kriterien besonders für die Interpolation der sechsten Fitte bei. Eine genaue Nachprüfung der Stroblschen Untersuchung gibt die Diss. von Groth (Compos. der ae. Exodus). Die zweite Fitte (V. 68—135) hält er ihrem Inhalte nach als unumgänglich für das Verständnis des Gedichtes erforderlich und er betont damit gleichzeitig die aus dieser Thatsache entspringende Existenzberechtigung der ersten Fitte. Dagegen erklärt auch er sich für die Interpolation der sechsten Fitte. Im Gegensatz

zu diesen Resultaten steht der Aufsatz Eberts (Anglia V.
409 f.). Er bestreitet die Einschiebung der Verse 362 bis
445, indem er diesen von allen Kritikern als später ein-
geschaltete Episode bezeichneten Abschnitt einen „durch-
aus integrirenden Teil" des Exodus nennt, dessen Inhalt
und Bedeutung für das Gedicht als Ganzes bisher nicht
erkannt worden sei. Wülker (Grundriss) stimmt Ebert bei
und hält auch neuerdings (Anglia. Beibl. IV, 229) gegenüber
den genannten Ansichten an der Echtheit der sechsten
Fitte fest.

Um die Frage über die Ursprünglichkeit des in Rede
stehenden Abschnittes zur Entscheidung zu bringen, wollen
wir untersuchen, wie sich derselbe in metrischer Beziehung
zu dem übrigen Teile des Exodus verhält. Wir bezeichnen
zur grösseren Bequemlichkeit die sechste Fitte, V. 362 bis
445, mit Exod. B. das vorhergehende mit dem folgenden
Stücke zusammen, also V. 1—361 und 446—589. mit Exod. A.
Beim Vergleich der sechs Grundformen in beiden Teilen
erhalten wir folgendes Bild:

Typus	Exodus A		Exodus B	
	I	II	I	II
A	202	247	42	42
B	49	65	9	15
D²	26	39	3	3
E	40	69	4	1
C	98	44	14	14
D¹	87	39	12	9

In dem Gebrauche der A-verse zeigt sich danach
folgende Verschiedenheit. Im Vergleich zum Beowulf hat
der Exodus, wie die Tabelle auf p. 26 beweist, in der ersten
Halbzeile den Typus A seltener, in der zweiten bedeutend
häufiger. Dies hat nicht statt im Exod. B. Rechnen wir
diesen 84 Verse umfassenden Teil als ⅙ des 504 Verse
langen Exodus A. so müssten bei gleichmässiger Verteilung
im Exod. B auf die erste Vershälfte 34. auf die zweite

42 A-Verse kommen: in Wirklichkeit steht aber in beiden
Vershälften dieselbe Zahl 42: es tritt daher in diesem Ab-
schnitte die für den Exod. A charakteristische Verwendung
des A-Typus nicht hervor.

Was die B-Verse angeht, so finden sie sich im Exod.
gegenüber dem Beowulf auffallend selten in der zweiten
Vershälfte. Im Exod. B zeigt sich diese Eigentümlichkeit
nicht: statt 11 B-Versen, die nach der Häufigkeit im Exod.
A vorauszusetzen wären, treffen wir eine etwas stärkere
Anzahl, nämlich 15.

Bei dem Gebrauche der Grundform C ist es bemerkens-
wert, dass sie in dem interpolierten Abschnitt in der zweiten
Halbzeile, wo sich im Exod. A ein starkes Zurücktreten
im Vergleich zum Beowulf zeigte, ebenso oft wie in der
ersten begegnet, das ist mehr als doppelt so oft wie im
Exod. A.

Die überraschendste Erscheinung, die an sich genügen
würde, um die sechste Fitte als sicher interpoliert auszu-
scheiden, zeigt die Verwendung der Typen D^2 und E. Wie
oben mehrfach betont, bedingt die hervorstechende Bevor-
zugung dieser beiden sonst selten gebräuchlichen Versarten
die Sonderstellung des Exodus innerhalb der gesamten ae.
Alliterationspoesie. Exod. B teilt diese Eigentümlichkeit
nicht. In den Versen der sechsten Fitte begegnen nur
$3 + 3 = 6$ D^2-Verse und $4 + 1 = 5$ E-Verse, während
11 Verse ersterer und 18 Verse letzter Art, also die dop-
pelte resp. dreifache Anzahl zu erwarten wären. Da die
Verteilung der Typen D^2 und E im Exod. B ungefähr mit
der Praxis des Beow. übereinstimmt, im Exod. A hingegen
von 100 zu 100 Versen nach unsrer Zusammenstellung eine
sich gleichbleibende doppelt resp. dreifach starke Ver-
tretung der beiden Versarten bemerkbar ist, so beweist
dieser Umstand streng mathematisch die Interpolation von
V. 362—445.

Weniger zum Zweck einer nochmaligen Beweisführung
für die Einschiebung der sechsten Fitte, als zur Beleuch-

tung der metrischen Abweichungen des Exod. B vom Exod.
A. heben wir in Folgendem auch die hauptsächlichsten
Unterschiede in der Häufigkeit der Unterarten hervor.

Von den im Exod. A im Unterschied zum Beowulf
verhältnissmässig häufig vorkommenden Typen 8 (*sāi is
gecȳded*) und 9 (*flota wæs on ȳdum*) hat der Exod. B nur
ein Beispiel. Von der Grundform D² sind im Exodus A
die Typen 41 und 42 in der ersten, 46 und 47 in der
zweiten Halbzeile auffallend häufig; im Exodus B finden
wir kein einziges Beispiel dafür; nur der Gebrauch des
Typus 49 in der zweiten Halbzeile ist in Ex. A (14 Fälle)
und Ex. B (2 Fälle) ungefähr entsprechend. Bei der
Grundform E stehen sich in der zweiten Halbzeile 35 Verse
des Typus 55 (*weord-myndum þāh*) in Ex. A und nur ein
einziger derartiger Vers in Ex. B gegenüber. Aehnlich ist
es in der ersten Halbzeile bei den sog. „gesteigerten" D¹-
Versen. Typus 79 (*mǣre mearc-stapa*) steht in Ex. A 14 mal,
Typus 82 (*sīde sǣ-nœssas*) 10 mal, Typus 85 (*hwetton hige-
rōfne*) 18 mal. In Ex. B aber fehlt Typus 85 ganz, von
Typus 79 haben wir nur ein, von Typus 82 zwei Beispiele.
Geringe Abweichungen stellen sich in den Unterarten des
B-Typus heraus.

Man könnte einwenden, dass es auf Zufall beruhe,
wenn eine der vielen Unterarten einer Grundform in
84 Versen im Vergleich zu dem übrigen Teil besonders
selten erscheint. Diesen Einwurf zu entkräften, weise ich
darauf hin, dass es sich hier nur darum handelt, ganz
bestimmte vom Dichter durchweg mit Vorliebe gebrauchte
Versarten in dem interpolierten Abschnitt als gar nicht
oder selten enthalten nachzuweisen.

Strobl hat ferner behauptet, dass auch die beiden ersten
Fitten von späteren Dichtern zugesetzt seien, dass der
eigentliche Exodus erst mit V. 135 beginne. Nach unserer
Zusammenstellung der Verstypen ergeben sich zwischen
dem Abschnitt V. 1—135 und dem übrigen Teil des Exod.
A keine metrischen Abweichungen. Wir sehen uns daher

gezwungen mit Groth, welcher sprachliche Argumente
heranzieht, gegen Strobls Ansicht die Einheitlichkeit des
Exod. A anzunehmen. Ganz besonders spricht für die
Zusammengehörigkeit der beiden ersten Fitten zu dem
folgenden Teile der Umstand, dass hier wie dort E- und D²-
verse in gleich häufiger Anzahl begegnen.

Wir erhalten also als sicheres Resultat, dass die sechste
Fitte des Exodus, V. 362—445, eine jüngere Interpolation,
der Rest des Exodus aber das einheitliche Werk eines und
desselben Dichters ist.

Daniel.

Den Erörterungen über die Metrik des Daniel schicke
ich eine Uebersicht über die Einordnung der Verse dieses
Gedichtes in die von Kaluza angesetzten 90 Unterarten
voraus. Die sog. Schwellverse, die sich von den normalen
nur durch den verstärkten Eingang unterscheiden, sind
durch ein der Verszahl beigefügtes Sternchen kenntlich
gemacht, alle Abweichungen von Wülker's Text in Klammern
angegeben.

Erste Halbzeile.

I. A. (×) ×́×̀×(×) ×́××̀

Typus 1. Dan. 7. 9. 11. 13. 16.
18. 24. 29. 30. 32. 37. 48. 72. 74. 78.
89. 106*. 115. 126. 128. 144. 179.
195. 199. 203*. 204*. 205*. 226*.
228*. 234*. 241*. 242*. 250. 253.
262*. 263*. 267*. 271*. 298. 313.
318. 332. 333. 335. 343. 349. 361.
362. 375. 403. 411. 413. 415. 423.
432. 436*. 445*. 447. 448*. 450*.
452*. 453*. 457*. 466. 481. 497. 506.
510. 511. 517. 518. 520. 523. 538.
549. 559. 565. 574. 592. 595. 611.

Zweite Halbzeile.

I. A. (×) ×́×̀×(×) ×́××̀

Typus 1. Dan. 1. 5. 8. 12. 25.
26. 30. 33. 36. 37. 43. 50. 55. 59
(*receda wuldor*). 62. 71. 75. 80. 81.
84. 87. 97. 100. 109. 110. 114 (*rede
sceolde*). 115. 118. 120. 121. 123.
124. 135. 140. 152. 153. 155. 159.
(*fregan*). 171. 181. 192. 194. 203*.
205*. 208*. 212. 217. 218. 220. 227*.
232. 236* (*hēahan*). 239*. 241*.
244*. 246. 252. 253. 256. 257. 264*.
265*. 266*. 267*. 271*. 276. 282.
289 (*sigores wahlend* Gr.). 291. 292.

619. 622 *(wildra)*. 648. 650. 657.
659. 661. 662. 664. 670. 682. 688.
694. 711 *(torhte* Gr.' 731. 745. 759.
T y p u s 2. Dan. 41. 149. 184.
233*. 239*. 270*. 278. 296. 302.
435*. 438*. 444˙. 456*. 483 604.
624 *(wildra)*. 628. 643 699. 747.
T y p u s 3. Dan. 44. 60. 90. 103.
105. 150. 198. 211. 252. 258. 259.
285 *(nergen* S.). 297. 336. 352 365.
367. 370. 371. 377. 380. 383. 393. 484.
534 561. 577 *(wāced and wrāced*
S.). 580. 588. 707. 732. 762.
T y p u s 4. Dan. 65. 145. 288.
291. 292 *(nū* ist zu streichen; vgl.
Az. 12). 541. 548. 582. 625. 640.
726. 741.
T y p u s 5. Dan. 61. 137. 159
(n̄-reccan S.). 236*. 240˙. 244˙. 400.
412. 437˙. 464. 471. 557. 654. 655.
709. 740.
T y p u s 6. Dan. 14. 66 *(irˉoyas)*.
76. 162. 175. 245*. 264*. 321 *hebban*
S.). 345. 387. 414. 416. 429. 500.
504. 515. 560 *(befolen in foldan;*
vgl. Jul. 417). 564. 566. 567. 598.
612. 620. 631. 638 645. 693. 729.
T y p u s 7. Dan. 249. 300.
T y p u s 8. Dan 304. 353. 358.
608. 653.
T y p u s 9. Dan 181. 216. 340.
428. 449. 526 701. 723
T y p u s 10. Dan. 342.
T y p u s 11. Dan. 3. 34. 45. 98.
112. 186. 308. 385. 386 525. 634
(wundr-lic). 649. 679.
T y p u s 12. Dan. 389. 402. 408.
463. 674. 690. 705. 749.
T y p n s 13. Dan. 344 540 585.
719.
T y p u s 14. Dan 337.
T y p u s 15. Dan. 46. 177. 341
347. 615.

293. 295. 300. 302. 304. 310. 315.
319. 320. 325. 330. 331. 341. 348.
351 *(irēyan*. 358. 360. 373. 382.
391. 392. 393. 394. 397. 402. 404.
405. 408. 410. 417. 425. 431. 432.
433*. 435*. 441*. 442. 443. 444*.
445*. 450*. 453*. 454*. 457*. 459.
462. 468. 469. 473. 477 *(ēre wald-*
end). 482. 484. 486. 487. 498. 502.
506. 508. 514. 527. 532. 535. 539.
540. 544. 570. 573. 579. 590. 591
(woldon sylfe). 596. 607. 612. 613.
626. 646. 649. 656. 661. 665. 667.
671 *(hēahe)*. 677. 684. 686. 692. 698.
703 709. 712. 713. 715. 717. 719.
721. 728. 733. 754 758. 763. 765.
T y p u s 2. Dan. 15. 18. 19. 31.
40. 79. 92. 111 *(geteohhod)*. 130. 146.
160. 169. 184. 190. 200. 210. 219.
226*. 235*. 245*. 259. 268*. 275.
306. 347. 368. 420. 436*. 447*. 448*.
452*. 456*. 546. 556. 583. 593. 602.
618. 629. 644. 696. 707. 710. 723.
750. 761.
T y p u s 3. Dan. 52. 141. 177
rihtes ne gȳmde Gr.). 201. 207*
(þā þis | hˉegan ne willad). 231. 378.
395. 427. 460 *(worden in ofne* Gr.).
475. 681. 716 *(frēode)*.
T y p u s 4. Dan. 562 *(onföhan˙*.
T y p u s 5. Dan. 6. 28. 49. 51.
77. 113. 133. 156. 175. 196 *(gedādon*
S.). 204*. 225* *(hˉet hˉe | ofn onhātan)*.
234*. 240* *(nē him | wrôht od-fæstan*
Gr.). 243*. 263*. 269*. 280. 332.
337. 458*. 467 *(aldr)*. 474. 493.
495. 496. 578. 620. 633. 653 *wundr)*.
654 732 *(sefan gehȳgdum;* vgl. Dan.
49). 743. 760 *(wundr)*.
T y p u s 6. Dan. 76. 102. 154.
166. 170. 247. 376. 437*. 509. 714.
725.
T y p n s 7. Dan. 237. 519. 528.

Typus 16. Dan. 151. 230. 286. 372. 418. 737.

Typus 21. Dan. 140. 148. 168. 261. 734.

Typus 22. Dan. 8. 35. 64. 83. 85. 136. 153. 165. 217. 276. 287. 290. 301. 472. 477. 498. 502. 509. 513. 530. 672. 696.

Typus 23. Dan. 27. 79. 104. 147. 311. 320. 405. 508. 584. 684 (*hæledas*). 730.

Typus 24. Dan. 28. 81. 143. 158. 163. 193. 765.

Typus 25. Dan. 119. 120. 138. 279. 451. 469. 514 (*pon*). 519. 527. 542. 553. 568. 570 *pon*). 610. 687.

Typus 26. Dan. 25. 88. 96. 113. 122. 125. 130. 200. 201. 222. 231. 275. 312. 366. 419. 426 (*sȳ*). 558 (*pon*). 609. 613. 686. 715. 720. 721. 738. 750. 754.

Typus 27. Dan. 62. 67. 77. 86. 87. 124. 142. 166. 169. 172. 180. 191. 192 (*byrige*). 227. 294. 305 (*ūs ēc*). 310. 316. 330. 339. 346. 351. 430. 470. 482. 493. 496. 532. 571. 581. 589. 594. 596. 669. 692. 761.

Typus 28. Dan. 116. 317. 495. 505. 578 *seofon-wintr*). 586.

Typus 29. Dan. 281. 404. 425. 550.

Typus 30. Dan. 182.

IIᵃ. B. (×)×̇(×) ×̣×̣×̇(×) ×̇.

Typus 31. Dan. 4. 21. 33. 40. 51. 68. 75. 102. 121. 146. 155. 156. 178. 190. 206* (*hæftas hēaran | in þisse hēahan byrig*). 209. 223. 229. 289. 293 (*þurh hyldo help* Gr.). 303. 325. 329. 331. 334. 348. 391. 439. 441*. 412. 462. 467. 473. 487. 491. 503. 507. 512 (*wildu dēor*). 535. 552. 572. 593. 614. 623. 636. 637. 646.

Typus 8. Dan. 58. 273* (*him ēac þūr wæs | ān on gesyhde*).

Typus 9. Dan. 258. 430 *þon*. 524.

Typus 11. Dan. 2. 23. (*dōan*). 96. 107. 262. 270*. 505. 558 (*bēonn*). 680. 746.

Typus 13. Dan. 274*.

Typus 14. Dan. 70.

Typus 16. Dan. 125.

Typus 29. Dan. 727.

IIᵃ.B. (×)×̇(×) ×̣×̣×̇(×) ×̇.

Typus 31. Dan. 3. 4. 7. 11. 13. 32. 34. 38 (*hēahan*). 39. 42. 54 (*hēahan*). 66. 68. 73. 82. 93. 94. 98. 105. 117. 119 (*þæt him yemǣted wæs*; vgl. Dan. 157). 122 (*hwæt him yemǣted wæs*). 126. 136. 138 (*þæt gē cūdon wel*). 139. 149. 157. 162. 173. 174. 178. 182. 183. 188. 198 (*hēahan*). 221. 251. 261. 278. 281. 284. 301. 303. 312. 316. 318. 323. 335. 336. 342. 344. 350. 352. 354. 355. 362. 389. 403. 406. 407. 415. 418. 423. 429 (*ōhtes* S.). 434. 440. 446. 472. 494. 499. 525. 530 (*þæt hīe wiston hit* S.). 536. 541. 548. 550. 554. 555. 557. 564. 572 (*wildra* S.). 575. 576. 577. 580. 587. 595. 600. 605. 609. 615. 624. 628. 634. 636. 640. 641. 642. 645. 647. 655. 663. 666 (*hēahan*). 673. 676. 679. 699 (*tō þāre hēahan byrig*). 722 (*hēahe*). 726. 745. 753.

Typus 32. Dan. 29. 150. 186. 211. 346. 364. 366. 409. 470. 483. 491. 500. 510. 545. 594. 598. 601. 650 (*wildrum* S.). 652. 662. 678. 736 (*sē wæs drihtne gecoren*; vgl. Dan. 150). 757.

Typus 33. Dan. 343. 611. 747.

685. 691. 697. 698. 710. 713. 718.
736. 760. 764.
Typus 32. Dan. 17. 49. 57. 63.
109. 114. 132 161. 170. 376. 390.
459. 468. 475. 524. 539. 676. 739.
758.
Typus 33. Dan. 84. 133.
Typus 34. Dan. 99. 118. 251.
424. 460 (wundr). 590. 630 641. 681.
Typus 35. Dan. 10. 176. 431.
Typus 36. Dan. 22. 417.
Typus 37. Dan. 703.

II^b. D^2. $(\times) \underset{=}{\times}\times \underset{=}{\times}\times(\times) \; \overset{.}{\times}.$

Typus 41. Dan. 237. 282 (dreag
dædum georn ; vgl. Az. 3). 283. 382.
420. 465.
Typus 42. Dau. 95. 187. 673.
Typus 43. Dan. 183. 214. 235.
247. 322. 350. 407 (gewurdad wide-
ferhd Gr.). 543. 627. 735.
Typus 44. Dau. 238*: 401. 666.
Typus 45. Dan. 246. 536.
Typus 46. Dan. 328. 360.
Typus 48. Dan. 635.
Typus 49. Dan. 443. 606.

III. E. $(\times) \mid \underset{=}{\times}\times\overset{.}{\times}\times (\times) \mid \overset{.}{\times}.$

Typus 51. Dan. 23. 42. 52. 59
(bereafodon dā). 69. 73. 600. 602.
668. 702.
Typus 52. Dan. 374. 398. 476.
479. 617.
Typus 53. Dan. 47. 117. 167.
256 461. 488 601. 642. 712.
Typus 55. Dan. 272* (ealle |
ū-fæste drȳ: 323. 379 (wintr-bitera
weder ; vgl. Az. 105). 440. 551. 597.
763.
Typus 56. Dan 12. 26. 338.
364. 369 (tungl). 458*. 554. 629.
Typus 57. Dan. 757.
Typus 59. Dan. 255. 395. 753.

Typus 34. Dan. 44. 147. 248.
249. 255. 283. 287. 340. 412. 478.
488 (beacn . 497. 504. 533. 538. 547.
561. 563. 582. 597. 614. 627. 630.
631. 651. 668. 752. 762.
Typus 35. Dan. 16. 35. 327
(wuldr). 375 (somod niht and dæg).
377. 464.
Typus 36. Dan. 688.
Typus 37. Dan. 116. 675.
Typus 39. Dan. 95.

II^b. D^2. $(\times) \underset{=}{\times}\times \; \underset{=}{\times}\times\overset{.}{\times}(\times) \; \overset{.}{\times}.$

Typus 44. Dan. 370 (sundr).
Typus 49. Dau. 254.
Typus 50. Dan. 490. 720.

III. E. $(\times) \; \underset{=}{\times}\times\overset{\text{ii}}{\times}\overset{.}{\times}(\times) \; \overset{.}{\times}.$

Typus 51. Dan. 193.
Typus 52. Dan 334. 485. 584.
701.
Typus 53. Dan. 60. 99. 104.
209. 229. 449. 735.
Typus 55. Dau. 45. 57 176.
426. 586. 622. 682 (unlȳtel Gr.).
697. 734.
Typus 57. Dan. 704.
Typus 59. Dan. 65. 669.

IV^a. C. $(\times)\overset{.}{\times}(\times) \; \underset{=}{\times}\times\overset{\text{ii}}{\times} .$

Typus 61. Dan. 78. 131. 164
(bōcērum). 314. 328. 367. 372. 381.
386 400. 639. 708.
Typus 62. Dau. 91. 305. 307.
356. 398. 411 (nēistum S.). 414. 520.
522. 694.
Typus 63. Dan. 296. 551. 638.
690. 764.
Typus 64. Dan. 17. 47. 48.
61. 69. 145 (medl-stede). 167. 179.
279. 317 338 (wuldr-haman). 339.
353 357. 379 (wolen-faru). 385. 507.

IV^a. C. (×) ×(×) ×××× .

Typus 61. Dan. 1. 43. 50. 80.
92. 213. 220. 314. 315. 357. 363.
392. 399. 410. 480. 501. 531. 546.
547. 665. 680 706. 717. 728. 751.
Typus 62. Dan. 6. 31. 91. 129.
141. 212. 215*. 280. 394. 521. 544.
587. 677. 716.
Typus 63. Dan. 2. 70. 455*.
490. 573. 618. 660. 683. 689. 700.
Typus 64. Dan. 108. 123. 139
(mīne aldr-lege). 152. 221 (nē hēan-
murgen Gr.). 446*. 632. 656. 725.
Typus 65. Dan. 19. 36. 101.
127 (him . 134. 157. 160. 171. 174.
232. 277. 295. 319. 368. 454. 485.
605. 658 (geornlīce Gr.). 742. 744.
748.
Typus 66. Dan. 107. 562. 569.
583.
Typus 67. Dan. 71. 219. 522.
545. 563 (liged). 576. 579 616. 651.
695. 704 hēt þū in beran Holt-
hausen). 722. 733.
Typus 68. Dan. 93. 154. 188.
254. 354 (oin). 373 (and þec god
mihtig). 378. 421. 556. 575. 607. 644.
Typus 69. Dan. 15. 82 (in be-
bodum bōca). 110. 111. 131. 218.
299 (þin bebodo brācon; vgl. Az.
19). 324. 406. 486. 671. 727. 752.
756.

IV^b. D¹. (×) ×× ×××× .

Typus 71. Dan. 208*. 603.
Typus 72. Dan. 97. 268*.
Typus 73. Dan. 189. 257. 359.
599.
Typus 74. Dan. 306. 355. 388.
746.
Typus 76. Dan. 164. 173. 422
708.
Typus 77. Dan. 675.

559. 566 (widr-breca). 581. 606
(sundr-gife). 616. 643. 664. 740.
Typus 65. Dan. 74. 88. 89.
90. 108. 112. 286. 294. 324 (un-
rīma Hs.). 380. 383 571. 610. 635.
637. 659 685. 702.
Typus 66. Dan. 103. 288. 290.
298. 321. 345. 371. 387. 388. 501.
503. 516. 568. 589. 603. 657. 706.
Typus 67. Dan. 9. 20. 24. 53.
56. 72. 128. 143. 297. 365 (hlutr).
374. 424. 471 (wundr). 479. 480
(wundr). 481. 489. 515 (tācn). 517.
523. 529 (swefn). 537 (wundr). 542.
553 (swefn). 574. 585 (cymest). 588.
592. 599. 604 (wundr). 619. 705.
711 (templ; vgl. Dan. 60). 729. 731
(wundr sehan). 741. 744. 748. 749.
755. 759.
Typus 68. Dan. 106. 137. 151.
158. 168. 172 (de þus hātte Holt-
hausen). 180 (cnēom S.). 185. 189.
250. 308. 311. 322. 326. 361. 413.
422 451. 466. 476. 492. 511. 512
flēohan). 513. 518. 521 (dōan). 526.
549. 569. 648. 670. 693 (būen). 718.
737. 751.
Typus 69. Dan. 10. 21. 22.
41 (wigan S.). 63. 64. 85. 101. 144.
191. 197. 199. 214. 216. 223. 233*.
242*. 277. 285. 309. 313. 329. 349.
369. 416. 421. 438*. 461 (þurh bryne
fȳres). 463. 531. 543. 567. 608. 617.
625. 689. 700. 756.
Typus 70. Dan. 534.

IV^b. D¹. (×) ×× ×××× .

Typus 71. Dan. 67. 83. 127.
134. 228*. 260. 359. 419. 621. 623.
632. 658. 672. 683. 742.
Typus 72. Dan. 86. 215. 222.
390. 399. 428. 439 455*. 691. 695.
739.

Typus 78. Dan. 56. 533. 743. 755.
Typus 79. Dan. 20. 185. 309
(*wuldr-cyning*). 327. 381. 409. 427
(*wuldr-cyning*). 492. 516. 528 *feran
folc-togan* S.). 537 555. 626. 647.
724.

Typus 80. Dan. 714.

Typus 81. Dan. 260. 265* (*beot-
mœcgum*). 284. 494. 633.

Typus 82. Dan. 39. 54 (*hūdn-
cyninga*). 194 210. 248. 274. 326.
384. 396 (*līf-frēgan*). 397 (*eallum ū-
firstum* Gr.). 478 (*drihten wl-mih-
tig*). 663.

Typus 83. Dan. 307. 667. 678.

Typus 85. Dan. 94. 196. 433.
434.

Typus 86. Dan. 5.

Typus 87. Dan. 489 (*tācn*).

Typus 88. Dan. 474 (*wundr*).

Typus 89. Dan. 53. 58. 100.
135. 224* (*þā weard yrre | ān-mōd
cyning*). 243*. 269*. 529. 652.

Typus 90. Dan. 499. 621 (*seo-
fon-wintr*). 639 (*seofon-wintr*).

Reste.

Dan. 38 (*here-pad*). 55 (*Israela*).
197 (*þæt hīe him þæt gold*). 202
(*ne hīe tō þām gehede*). 266 (*ac þæt
fȳr scȳde tō þām*). 356 (*Ananias*).
591 (*wyrcan þonne hīe*). Die ersten
Halbzeilen von Dan. 207. 225. 273
fallen fort, da 206 f. 224 f. 272 f.
zu Schwellversen zusammenzu-
ziehen sind.

Typus 74. Dan. 129 (*swefn*).
148 (*swefn*). 163. 165 (*swefn*). 195.
299. 396. 565. 660. 687. 724. 730.

Typus 78. Dan. 230. 465.

Typus 80. Dan. 552 (*wundr*).
674.

Typus 81. Dan. 14. 46 (*aldr-
frēga*). 401.

Typus 87. Dan. 738.

Typus 89. Dan. 27. 132. 142.
161. 187. 213. 238*. 333. 384 560.

Typus 90. Dan. 363.

Reste.

Dan. 202 (*mihte gebūrdon*).
Die zweiten Halbzeilen von Dan.
206. 224 272 fallen fort, da 206 f.
224 f. 272 f. zu Schwellversen zu-
sammenzuziehen sind. Die Gesamt-
zahl der Verse des Daniel beträgt
demnach $765-3 = 762$.

Der Bau der einzelnen Typen ist auch im Daniel im
wesentlichen nach denselben Gesetzen geregelt wie im Beo-
wulf (s. Stud. 2, p. 40 ff.). Besondere Erwähnung verdienen
die beiden E-verse *gesamnōde þā* Dan. 52 und *berēafōdon
þā* Dan. 59. welche den von Kaluza (Stud. 1, § 46: 2, p. 70)
theoretisch angesetzten, im Beowulf aber nicht nachweis-

baren Auftakt vor dem ersten dreihebigen Takte aufweisen.
In Betreff der Hebungsfähigkeit der einzelnen Silben ist zu
bemerken, dass *úngelīc* (in dem Verse *ungelīc gldum* Dan. 112)
und *úngescēad* (in dem Verse *ungescēad micel* Dan. 245)
nicht mit drei, sondern nur mit zwei Hebungen anzusetzen
sind: vgl. Beow. 2421: *Wyrd úngemēte nēah*; B. 2722:
þegn úngemēte till; B. 2729: *dēad úngemēte nēah*. Während
sonst dreisilbige Wörter mit kurzer Stammsilbe und schwerer
Mittelsilbe nur dann dreihebig gebraucht werden können,
wenn sie den zweiten Teil eines Compositums bilden *(þeod-
cyninga, cniht-wesende, andswarōde;* vgl. Stud. 2, 79, 98, 102),
wird hier in dem Verse *swefn cyninge* Dan. 129, 148, 165
das Wort *cyninge* auch alleinstehend dreihebig gebraucht.
Umgekehrt müssen wir *ándswárōde* in dem Verse *yrre
andswarōde* Dan. 210 nicht als vierhebig, wie im Beowulf-
liede, sondern als dreihebig ansetzen. Endlich lässt der
Vers *middan-geardes weard* Dan. 597, der auch Andr. 82, 227
wiederkehrt, auf dreihebige Messung von *míddan-geárdes*
schliessen, während dieses Wort sonst durchweg vier
Hebungen ausfüllen kann.

Wollen wir nun die besonderen Eigentümlichkeiten der
Metrik des Daniel mit denen des Beowulfliedes und des
Exodus vergleichen, um daraus Schlüsse auf die Verfasser-
schaft zu ziehen, so müssen wir, ähnlich wie wir es beim
Exodus gethan haben, die Häufigkeit des Vorkommens der
sechs Grundformen und ihrer Unterarten im Daniel fest-
stellen und die dafür sich ergebenden Zahlen, nachdem
sie im Durchschnitt auf 1000 berechnet sind, mit den
früher für das Beowulflied und den Exodus gewonnenen
vergleichen. Durch diese doppelte Gegenüberstellung er-
halten wir einerseits ein schärferes Bild von der Metrik
des Daniel und bestätigen andrerseits durch den Nachweis
der grossen Verschiedenheit in der Verwendung der Vers-
typen nochmals das bereits auf anderem Wege festgestellte
Ergebnis, dass die beiden Gedichte Daniel und Exodus
nicht das Werk desselben Verfassers sein können.

Zunächst erhalten wir für die sechs Grundformen in Daniel, Beowulf und Exodus folgende Tabelle:

Typus	Daniel 1—765.		Daniel °/₀₀		Beowulf 1—1000.		Exodus °/₀₀	
A	392	298	515	391	489	353	415	492
B	93	176	122	231	113	220	99	136
D²	29	4	38	5	26	56	49	71
E	43	24	56	32	48	58	75	119
C	122	202	160	265	188	205	191	99
D¹	76	57	100	75	133	104	168	81
Reste	7	1	9	1	3	4	3	2
Summa	762	762	1000	1000	1000	1000	1000	1000

Es ergeben sich daraus in der Häufigkeit der Verwendung der sechs Hauptschemata für den Daniel folgende merkliche Verschiedenheiten:

Die Grundform A ist in beiden Vershälften etwas stärker als im Beowulf vertreten, was im Exodus nur in der zweiten Halbzeile der Fall ist. Die B-verse zeigen nur geringe Abweichungen; im allgemeinen begegnen sie etwas zahlreicher als im Beowulf, während sie im Exodus gerade viel seltener sind. Eine besondere Stellung nehmen auch im Daniel die Typen D² und E ein. Im Exodus zeigte sich eine auffallende Bevorzugung derselben in beiden Halbzeilen; hier gilt ähnliches aber nicht in so hohem Masse, nur für die erste Vershälfte. In der zweiten Halbzeile dagegen treten diese beiden Versarten überraschend zurück: namentlich kommen die D²-verse dort nur ganz vereinzelt vor. Die C-verse, welche im Exodus in der zweiten Halbzeile weit seltener zu finden sind als im Beowulf, stehen im Daniel dort umgekehrt noch viel häufiger als im Beowulf. Die D¹-verse endlich, die im Exodus in der ersten Halbzeile besonders bevorzugt waren, sind im Daniel in beiden Halbzeilen etwas weniger stark vertreten als im Beowulf.

Diese angeführten Abweichungen des Daniel vom Beowulf und Exodus ergeben weiter für die Verteilung der einzelnen Typen auf die beiden Halbzeilen eine merkliche Verschiedenheit, wie folgende Zusammenstellung zeigt:

	Daniel I II	Beowulf I II	Exodus I II
A	100 : 76	100 : 72	100 : 118
B	100 : 189	100 : 195	100 : 138
D^2	100 : 14	100 : 215	100 : 145
E	100 : 56	100 : 121	100 : 161
C	100 : 166	100 : 109	100 : 52
D^1	100 : 75	100 : 78	100 : 49

Hiernach ist besonders auffällig, dass die Grundformen D^2, E und C anders als im Beowulf auf die beiden Halbzeilen verteilt sind. Die D^2- und E-verse treten im Daniel in der zweiten Halbzeile ganz bedeutend zurück, während die C-verse hier bei weitem zahlreicher erscheinen als im Beowulf oder Exodus. Dem Exodus gegenüber kommt noch hinzu die verschiedene Verteilung der Grundformen A, B und D^1 auf die beiden Halbzeilen.

Um einen genaueren Einblick in die Feinheiten und Eigentümlichkeiten der Metrik des Daniel zu gewinnen, müssen wir jedoch auch die Unterarten dieser sechs Hauptrhythmen berücksichtigen und wenigstens die bemerkenswertesten Abweichungen des Daniel von dem Beowulf und Exodus kurz hervorheben.

Grundform I. A (1—30).

Typus	Daniel 1—765		Daniel °/oo		Beowulf 1—1000		Exodus °/oo	
1.	98	171	129	225	120	188	114	276
2.	20	46	26	60	45	53	24	60
3.	32	13	42	17	41	18	27	17
4.	12	1	16	1	12	3	19	3
5.	16	34	21	45	19	55	5	43
6.	28	11	37	14	41	13	31	29
7.	2	3	3	4	17	5	14	8
8.	5	2	7	3	2	1	5	19
9.	8	3	10	4	5	3	8	15
10.	1	—	1	—	6	—	2	—

11.	13	10	17	13	27	8	12	10
12.	8	—	10	—	15	—	7	3
13.	4	1	5	1	2	—	3	—
14	1	1	1	1	12	—	26	7
15.	5	—	7	—	8	—	7	—
16.	6	1	8	1	16	3	10	2
17.	—	—	—	—	5	—	3	—
18.	—	—	—	—	5	2	—	—
19.	—	—	—	—	5	—	3	—
20.	—	—	—	—	4	—	—	—
21.	5	—	7	—	2	—	10	—
22.	22	—	29	—	14	—	41	—
23.	11	—	14	—	4	—	3	—
24.	7	—	9	—	1	—	5	—
25.	15	—	20	—	8	—	10	—
26.	26	—	34	—	25	—	14	—
27.	36	—	47	—	21	—	2	—
28.	6	—	8	—	5	—	7	—
29.	4	1	5	1	1	1	3	—
30.	1	—	1	—	1	—	—	—
Summa	392	298	515	391	489	353	415	492

Die häufigste Unterart Typus 1 *(lange hwīle)* ist im Daniel in der zweiten Halbzeile erheblich zahlreicher als im Beowulf, aber doch noch nicht so häufig wie im Exodus. Der Typus 2 *(folcum gefrǣge)* steht wie im Exodus in der ersten Halbzeile um die Hälfte seltener als im Beowulf. Nur ganz vereinzelt findet sich im Daniel in der ersten Halbzeile der Typus 7 *(wēox under wolcnum),* der im Beowulf und Exodus häufiger ist. während die im Beowulf sehr selten vorkommenden Typen 8 *(sōđ is gecȳđed)* und 9 *(flota wǣs on ȳđum)* namentlich in der ersten Halbzeile öfter vertreten sind. was im Exodus umgekehrt von der zweiten Vershälfte galt.

Von den A²-versen ist im allgemeinen zu bemerken, dass im Daniel eine ganze Reihe von Unterarten. nämlich die Typen 17—20, gänzlich fehlen. Diese im Daniel nicht verwendeten Typen sind Verse. die in beiden Takten Compositionen enthalten. Auch für den im Beowulf und Exodus zahlreich erscheinenden Typus 14 *(Grendles gūđ-crǣft)* hat der Daniel nur ein einziges Beispiel. Die Gesamtzahl der A²-verse im Daniel (48 + 16) ist demnach im Verhältnis zum Beowulf (99 + 13) und Exodus (71 + 22) etwa um die Hälfte geringer. Sehr zahlreich sind dagegen die A³-verse; sie finden sich doppelt so oft (168) als im Beowulf (80) und Exodus (92). Sämtliche Unterarten (Typus 21—28) erscheinen häufiger; ganz besonders oft begegnen die mit einem einsilbigen Worte beginnenden Typen 25 (ic þæt gehȳre); 26 (þā wæs on burgum) und 27 (nū gē mōton gangan), die gerade im Exodus seltener waren (s. o. S. 30).

Grundform IIa. B (31—40).

Typus	Daniel 1—765		Daniel °/oo		Beowulf 1—1000		Exodus °/oo	
31.	57	112	75	147	77	134	70	92
32.	19	23	25	30	15	27	12	24
33.	2	3	3	4	3	10	3	—
34.	9	28	12	37	5	26	8	12
35.	3	6	4	8	5	10	3	5
36.	2	1	3	1	3	2	—	2
37.	1	2	1	3	4	8	2	2
38.	—	—	—	—	1	—	—	—
39.	—	1	—	1	—	2	—	—
40.	—	—	—	—	—	1	—	—
Summa	93	176	122	231	113	220	99	136

Die Unterarten dieses Typus zeigen in beiden Halbzeilen keine merklichen Abweichungen vom Beowulf. Häufiger als sonst findet sich der Typus 34 (him þa Scyld gewāt), in welchem die zweite Takthälfte nur durch ein einsilbiges Præfix, das den Nebenton trägt, vertreten ist. Verhältnismässig öfter als im Beowulf, noch weit häufiger aber als im Exodus, steht im Daniel in der zweiten Vershälfte die einfachste Art des B-typus, dessen mittlerer Takt von einem zweisilbigen Wort gebildet ist, nämlich Typus 31 (him on bearme læg), etwas seltener der im Exodus gänzlich fehlende Typus 33 (þām wīfe þā word).

Grundform II^b. D^2 (41—50).

Typus	Daniel 1—765		Daniel $^0/_{00}$		Beowulf 1—1000		Exodus $^0/_{00}$	
41.	6	—	8	—	5	11	17	2
42.	3	—	4	—	5	12	12	8
43.	10	—	13	—	5	—	2	—
44.	3	1	4	1	1	3	—	—
45.	2	—	3	—	2	1	7	2
46.	2	—	3	—	1	11	3	17
47.	—	—	—	—	1	5	—	14
48.	1	—	1	—	1	—	2	—
49	2	1	3	1	2	11	5	27
50.	—	2	—	3	3	2	2	2
Summa	29	4	38	5	26	56	49	71

Die D^2-verse stehen in der ersten Halbzeile im Daniel
häufiger als im Beowulf, namentlich stark vertreten ist der
Typus 43 *(grētte Gēata lēod)*; im Exodus ist gerade diese
Versart sehr selten. Abweichend vom Beowulf und Exodus
begegnen, wie schon erwähnt, im Daniel die D^2-verse in
der zweiten Halbzeile nur ganz vereinzelt. Die Typen 41
(blēd wīde sprang), 42 *(flota stille bād)*, 46 *(fyrst ford ge-
wāt)* und 47 *(werod eall ārās)*, die im Beowulf und Exodus
in der zweiten Vershälfte ganz gewöhnlich sind und sogar
öfter stehen als in der ersten, fehlen im Daniel ganz.
Es ist überhaupt nur Typus 44 *(sēon sibbe-gedriht)* durch
ein Beispiel und die beiden letzten Unterarten 49 *(word-
hord on-lēac)* und 50 *(medo-stīg gemæt)*, bei denen der
zweite Teil des Compositums stärker betont ist als der
erste, durch einige wenige Fälle vertreten. Auf diese Weise
ist der Unterschied der Gesamtzahlen für den D^2-typus in
der zweiten Halbzeile ein sehr auffallender. Der Daniel
hat im Durchschnitt auf 1000 berechnet nur 5 Verse dieser
Art, der Beowulf mehr als das zehnfache (56), und der
Exodus noch mehr als dieser (71).

Wir erinnern uns, dass sich der Exodus durch grosse
Bevorzugung der Grundform E auszeichnete. Im Daniel
sind hingegen die E-verse weniger zahlreich als im Beowulf,
wenngleich einige Unterarten häufiger wiederkehren. Es

4*

Grundform III. E (51—60).

Typus	Daniel 1—765		Daniel °/oo		Beowulf 1—1000		Exodus °/oo	
51.	10	1	13	1	1	-	5	10
52.	5	4	7	5	5	4	8	12
53.	9	7	12	9	2	1	2	—
54.	—	—	—	—	—	3	2	2
55.	7	9	9	12	23	31	43	60
56.	8	—	10	—	7	10	7	17
57.	1	1	1	1	2	—	2	3
58.	—	—	—	—	—	1	2	—
59.	3	2	4	3	5	3	5	12
60.	—	—	..	—	3	5	—	3
Summa	43	24	56	32	48	58	75	119

sind dies die Typen 51 *(eysöde eorl)*, 53 *(ædelinges fær)*,
für die Beowulf und Exodus nur sehr wenige Beispiele
haben. Im Daniel gehören hierzu die zahlreichen Verse
mit mehrsilbigen Namen, wie *Babilōne(s); Salomōnes; Israela;
Caldēa* etc., die von dem Dichter nur in dem dreihebigen
ersten Takte der Grundform E oder in dem dreihebigen
Schlusstakte von C und D[1] unterzubringen waren. In der
zweiten Halbzeile, die im Beowulf und Exodus gerade die
E-verse bevorzugt, treten dieselben im Daniel wieder be-
deutend zurück. Insbesondere erscheint im Gegensatz zu
Beowulf und Exodus der Typus 55 *(weord-myndum þāh)*
seltener, und der Typus 56 *(wlite-beorhtne wang)* fehlt
gänzlich.

Grundform IVa. C (61—70).

Typus	Daniel 1—765		Daniel °/oo		Beowulf 1—1000		Exodus °/oo	
C¹ 61.	25	12	33	16	6	2	20	5
62.	14	10	18	13	15	3	17	—
63.	10	5	13	7	2	—	3	—
C² 64.	9	25	12	33	50	23	56	15
65.	21	18	28	24	54	18	48	7
66.	4	17	5	22	26	9	26	8
C³ 67.	13	41	17	54	25	61	15	22
68.	12	35	16	46	3	45		14
69.	14	38	18	50	6	41	5	27
70.	–	1	—	1	1	3	—	—
Summa	122	202	160	265	188	205	191	99

Die C¹-verse (Typus 61—63) sind in beiden Halbzeilen bevorzugt; sie finden sich in dem Daniel (64 + 36) dreimal so oft als im Beowulf (23 + 5). Auch hier finden wir die dreihebigen Eigennamen stark vertreten (s. o. p. 52). Dagegen treten die C²-verse (Typus 64—66), welche in dem dreihebigen Takte ein Compositum enthalten, in der ersten Halbzeile ganz merklich zurück (45 + 79); im Beowulf (130 + 50) und Exodus (130 + 30) stehen dieselben in dreifacher Anzahl. In der zweiten Vershälfte sind sie umgekehrt viel zahlreicher als im Beowulf und Exodus. Die C³-verse (Typus 67—70), die im Exodus verhältnismässig seltener sind (20 + 63), zeigen im Daniel (51 + 151) keine grossen Verschiedenheiten von dem Gebrauche des Beowulfliedes (35 + 150). Oefter als in dem Beowulf finden sich in der ersten Halbzeile die Unterarten 68 *(ie tō sæ wille)* und 69 *(on fæder bearme)*.

Grundform IVᵇ. D¹ (71—90).

Typus	Daniel 1—765		Daniel ⁰/₀₀		Beowulf 1—1000		Exodus %₀	
71.	2	15	3	20	2	24	10	10
72.	2	11	3	14	—	11	7	14
73.	4	—	5	—	10	—	2	—
74.	4	12	5	16	15	19	22	12
75.	—	—	—	—	8	14	3	3
76.	4	—	5	—	2	—	2	—
77.	1	—	1	—	12	—	10	—
78.	4	2	5	3	5	4	3	3
79.	15	—	20	—	18	—	26	—
80.	1	2	1	3	8	10	5	—
81.	5	3	7	4	14	9	12	10
82.	12	—	16	—	6	—	20	—
83.	3	—	4	—	4	2	—	—
84.	—	—	—	—	—	1	—	—
85.	4	—	5	—	10	—	31	—
86.	1	—	1	—	3	2	5	3
87.	1	1	1	1	1	2	2	—
88.	1	—	1	—	2	1	—	—
89.	9	10	12	13	8	2	7	26
90.	3	1	4	1	5	3	2	—
Summa	76	57	100	75	133	104	168	81

Bemerkenswerte Abweichungen vom Beowulf und Exodus in der Verwendung des D^1-typus zeigt der Daniel namentlich in der ersten Halbzeile: er ist dort im Allgemeinen seltener gebraucht. Typus 75 *(sele-rædende)*, welcher in den andern beiden Gedichten mehrere Male vorkommt, fehlt im Daniel ganz und die sonst nicht ungewöhnlichen Typen 74 *(sæ-lidende)*, 77 *(lēof land-fruma)*, 80 *(fēond mancynnes)*, 81 *(fromum feoh-giftum)* und 85 *(hwetton higerōfne)* werden viel weniger verwendet. Umgekehrt finden wir die Typen 79 *(mære mearc-stapa)*, 89 *(gūd-rinc monig)* und besonders 82 *(sīde sæ-næssas)* im Daniel öfter. In der zweiten Vershälfte treten einzelne Unterarten, besonders Typus 75 *(sele-rædende)*, 80 *(fēond man-cynnes)* und 81 *(fromum feoh-giftum)* im Vergleich zum Beowulf ebenfalls zurück, während Typus 89 erheblich häufiger ist. Bei den anderen Versarten ist das Verhältnis ungefähr dasselbe wie im Beowulf.

Alliteration.

Die allgemeinen Regeln über die Setzung der Alliteration sind auch im Daniel genau beobachtet. Erwähnung verdient jedoch die Eigentümlichkeit, dass im Daniel im Unterschiede zu der Praxis anderer Gedichte der Hauptstab öfter auf ein Possessivpronomen fällt, während das zugehörige Substantiv an der Alliteration nicht teilnimmt, so z. B. *sīnra þegna* 75; *sīne gerēfan* 79; *sīnum þegnum* 100; *sīnra lēoda* 120; *sīnum frēgan* 159; *þīne gerysna* 420; *sīne lēode* 469; *mīnra lēode* 484; *sīne lēode* 527; *sīnum lēodum* 649; *ofer sīn magen* 759 (aber *witgum sīnum* 135; *herran sīnne* 393; *heortan þīne* 570), oder dass ein Verbum vor dem zugehörigen Substantiv alliterirt, z. B. *þenden hīe lēt metod* 56; *wiston drihten* 194; *hȳran lārum* 217; *burnon scealcas* 253; *hȳrdon lāre* 432. Trotz der etwas abweichenden Stellung der Reimstäbe müssen wir den Vers *sōd sunu metodes* 402 zur Grundform A (Typus 12), den Vers *heofon-*

hēahne bēam 554 zu E (Typus 56) rechnen, ein neuer Beweis dafür, dass man bei Beurteilung des Versrhythmus sich nicht allein von der Alliteration leiten lassen darf (s. o. p. 34).

Die Verse mit Doppelalliteration (362) sind im Daniel etwas geringer an Zahl als die mit einfacher Alliteration (400); für die einzelnen Grundformen aber bleibt das Verhältnis im allgemeinen dasselbe wie im Beowulf und Exodus:

	A	B	D²	E	C	D¹	Reste
Doppel-All.:	210	19	28	22	21	62	—
Einf. All.:	182	74	1	21	101	14	7

Einige Verse des Daniel sind dadurch bemerkenswert, dass sie drei Reimstäbe in der ersten Halbzeile enthalten; es sind vorzugsweise „Schwellverse", wie *gumum tō þām gyldnan gylde* 204, *hweorfon þū hēðnan hæftas* 267; *hyssas hāle hwurfon* 271 und der D²-vers *bæron brandas on bryne* 246.

Gekreuzte Alliteration und Enjambement der Alliteration (s. o. p. 34 f.) finden wir auch im Daniel; doch will ich auf die einzelnen Fälle nicht näher eingehen.

Für die Häufigkeit des Vorkommens der einzelnen Laute als Träger des Stabreims erhalten wir folgende Tabelle:

	Vocale	b	c	d	f	g	h	l	m
Daniel	128	57	23	35	48	52	85	28	54
Dan. º/oo	168	75	30	46	63	68	112	37	71
Beowulf	158	62	15	29	101	88	117	47	80
Exod. º/oo	134	58	24	39	133	51	107	75	109

	n	r	s	sc	sp	st	t	þ	w
Daniel	14	23	74	2	1	4	8	16	110
Dan. o/oº	18	30	97	3	1	5	10	21	145
Beowulf	17	15	111	14	1	4	5	25	110
Exod. º/oo	14	20	85	5	3	5	10	12	116

Die erste Stelle behauptet also auch hier vocalische
Alliteration. Darauf folgt *w*, das gegenüber Beowulf und Exo-
dus stark bevorzugt erscheint, während bei *h* das Verhältnis
ungefähr dasselbe geblieben ist. Die im Exodus besonders
beliebten Laute *f*, *m* und *l* werden dagegen im Daniel
gerade viel seltener zu Alliterationszwecken verwendet.

Verfasserfrage.

Ueber die Composition des Daniel hat man die An-
sicht aufgestellt, dass die Verse 280—409 (Dan. B) ur-
sprünglich nicht in das Gedicht hineingehörten. Balg (Der
Dichter Caedmon und seine Werke. Diss., Bonn 1882)
versuchte zuerst nachzuweisen, dass Dan. B, der das sog.
Azariaslied enthält, eine spätere Interpolation eines andern
Dichters sei. Seine Meinung wird näher begründet durch
Steiner (Ueber die Interpolation im ags. Gedichte Daniel,
Leipzig 1889). Dagegen glaubt Hofer (Ueber die Ent-
stehung des ags. Gedichtes Daniel; Anglia XII (1889),
158 ff.), dass der Dichter des Daniel selbst das Azariaslied,
welches uns ausserdem noch in einer andern Redaktion im
Codex Exoniensis überliefert ist, seinem Gedichte, das ur-
sprünglich nur die Verse 1—279 umfasste, beigefügt und
dazu von Vers 410 ab eine Fortsetzung gegeben habe.
Wenn wir die metrische Form in Dan. A (V. 1—279; 410
bis 765) und Dan. B (V. 280—409) einer genauen ver-
gleichenden Prüfung unterziehen, so zeigen diese beiden
Teile, wie aus unserer Zusammenstellung auf p. 40 ff. er-
sichtlich ist, keine merklichen Verschiedenheiten. Während
die in den Exodus eingeschobene Episode (V. 362—445)
durch die Bevorzugung oder das Zurücktreten bestimmter
Versarten sich deutlich vor der übrigen metrischen Form
der Dichtung als Interpolation kennzeichnete, sind die met-
rischen Abweichungen des Dan. B vom Dan. A so gering-
fügig, dass wir darin nicht mit Balg und Steiner eine
spätere Interpolation erblicken dürfen, sondern höchstens

mit Hofer annehmen können, es habe der Dichter des Daniel selbst eine ältere englische Uebersetzung des Azariasliedes ganz oder teilweise in sein Werk hineingearbeitet.

Satan.

Der Text des Satan ist uns höchst mangelhaft überliefert und es hat darum die Textkritik gerade bei diesem Gedichte einen besonders grossen Spielraum gehabt. Wir sehen aber dabei wiederum, wie nur eine genaue Kenntnis der rhythmischen Einzelheiten des Alliterationsverses uns in den Stand setzt, mit Sicherheit die ursprüngliche Lesart herauszufinden. Näheres darüber an anderem Orte. Hier füge ich nur die von früheren Forschern oder von mir selbst gemachten Besserungsvorschläge der Zusammenstellung der Verse in Klammern bei.

Erste Halbzeile.

I. A. (×) ×̣×̣×̣× ×̣×̣×̣

Typus 1. Sat. 16 (dǣlas S.). 17. 20. 24. 28. 36. 57 (scyppend S.). 76. 82 (dryhtne). 111. 113. 116. 125. 156. 162. 184. 188. 201. 202* (hēahan). 205*. 211. 219. 221. 236. 238. 241. 244 253. 260 (grimme grundas). 260ᵃ (rice halded). 272. 285. 296. 302. 327. 331. 343. 347. 353. 355. 367. 384 (fāgum folce Gr.). 397. 398. 418. 424. 428. 449. 450. 464. 473. 476. 483. 484. 507. 509. 532. 555. 559 (folgad folcum Gr.). 564. 569 576. 596. 602 614 gegnum gongan Gr.). 623. 627. 629. 631. 632. 651. 653. 664. 688. 729.

Typus 2. Sat. 12. 40. 68. 72. 97. 103. 104. 122. 163 174. 186. 203* (scne in wuldre mid | alra

Zweite Halbzeile.

I. A. (×) ×̣×̣×̣× ×̣×̣×̣

Typus 1. Sat. 3. 11. 23 (bryttan). 27. 35. 37. 44. 45. 46. 47. 51. 65. 70. 71. 75. 81. 84. 85. 107. 109. 124. 126. 132. 133. 134. 138. 140. 142. 146. 151. 154. 160. 168. 172. 176 (habban mōste). 182. 189. 198. 199. 202*. 208. 209. 214. 218. 220. 222. 225 (fēonda menigo Holth.). 229. 232. 233. 234. 235. 255. 259. 261 (ēce drihten). 277. 286. 287. 295. 297. 305. 312. 319. 329. 351. 357. 364 370. 375. 378 (ēagum wlitan). 386. 388. 391. 400. 407. 410. 411. 419. 420. 443. 447. 451 (ǣfre wēnan). 452 (drōfla cynne Gr.). 455 460. 471. 477. 497 (tēonan micelne). 498. 500. 510. 512. 513 (hālgum drihtne). 514. 520. 523.

gescefta). 217. 243. 257. 306. 308. 344. 445. 605*. 638. 650. 724.

Typus 3. Sat. 5. 10 (*geojene* Gr.). 15. 29. 32. 43. 48. 49. 56. 79. 83. 93. 96. 99 (*hredre* Gr.). 105. 110. 117. 119. 123. 136. 139. 142. 145. 149. 150. 153. 157. 175. 178. 181 (*wuldre* Gr.). 192. 207. 223. 231. 237. 249. 263. 267. 269. 279. 281. 293. 300. 325. 328. 330. 332. 340. 341. 357. 361. 409. 414. 433. 454. 455. 478. 487. 495. 508. 511. 519. 525. 533. 540. 545. 546. 556 (*wunian in wynnum*). 565. 585. 587. 591. 608. 641. 662. 689. 717.

Typus 4. Sat. 4. 13. 19. 59. 63. 70. 133. 215. 264. 274 (*bitres in þæs brandes* Holth.). 287 (*gierwan*). 294. 373. 430. 460. 504. 672. 676. 684. 716.

Typus 5. Sat. 282. 310 (*fride befædmed* Gr.). 393. 453. 463. 557. 594. 607. 660 (*up gelæddest* Gr.). 693.

Typus 6. Sat. 6. 8. 42. 45. 87. 128. 143. 155. 159. 185. 206. 227. 254. 258. 288. 315. 321. 324. 336. 337. 342. 362. 380. 381. 388. 394. 401. 403. 406. 425. 427. 435. 444. (*werud to wuldre* Gr.). 458. 461. 467. 480. 482. 496. 499. 506. 531. 550. 554. 582. 593. 619. 625. 637. 657. 663. 686. 687. 715. 728.

Typus 7. Sat. 26. 31. 91. 135. 305. 319. 379 (*a buton ende*). 405.

Typus 8. Sat. 468. 609 (*wile þon gescadan* Bout.). 691.

Typus 9. Sat. 190. 286. 400. 701.

Typus 10. Sat. 392. 580 (*hond ist zu streichen*). 589. 699.

Typus 11. Sat. 18. 343. 434. 475.

530. 535. 536. 548. 558. 561. 563 (*halig scyppend*). 567. 568. 581. 582. 586 (*halig þengel* Gr.). 592. 595. 598. 599 (*odre sīde* Gr.). 600. 601. 603. 619. 626 (*rodera waldend* Gr.). 630. 631. 635. 643. 647. 652. 653. 655. 656. 661. 666. 672. 673. 674. 675. 678. 680 (*hālge drēamas*). 680ᵃ (*halig scyppend*). 683. 690. 696. 702.

Typus 2. Sat. 38. 52. 58. 62. 100. 108. 121. 127. 129. 131. 137. 144. 171. 197. 206. 251. 267. 284. 291. 296. 307. 316. 324. 333. 341. 343. 352. 369. 371. 382. 385. 390. 399. 416. 421. 429. 436. 439. 442. 446. 469. 472. 476. 481. 488. 502. 519. 526. 537. 551. 572. 575. 584. 597. 612. 645. 649. 709. 718. 725.

Typus 3. Sat. 4. 19 (*dugude and geogode* Ettm.). 50. 54. 120. 183. 187. 317. 440. 543. 552. 590. 633. 729 (*drīogan ne mihton* Holth.).

Typus 5. Sat. 7 (*dene* Gr.). 9. 29. 69. 77. 88. 92. 114. 116. 148. 150. 169. 205*. 212. 228. 246. 271. 278. 290. 303. 326. 366. 384 (*ferhð geāclod* Gr.). 402. 431. 465. 501. 505. 517. 518. 542. 553. 588. 604 (*onwecnað* S). 639. 642. 706 (*hafast ā·metene*). 711.

Typus 6. Sat. 2. 16. 34. 161. 204* (*cēosan ūs | eard in wuldre*). 258. 381. 515. 579. 580. 610. 703.

Typus 7. Sat. 104. 252. 315. 462. 616. 679.

Typus 8. Sat. 67. 264. 376 (*heonan to geylīdan*). 415. 687. 695.

Typus 9. Sat. 39.

Typus 10. Sat. 17.

Typus 11. Sat. 372. 636 (*þearlic wīte* Gr.).

Typus 12. Sat. 485.
Typus 14. Sat. 7. 60. 118. 245.
708 (*grimme* S.).
Typus 15. Sat. 298. 309 (*sceld-byrg*). 547. 648 (*swegl-torht* Th.).
Typus 16. Sat. 47. 152. 214
(*þær is* ist zu streichen). 248. 275.
404. 503 (*geāre* ist als entbehrlich zu streichen). 681.
Typus 17. Sat. 61.
Typus 21. Sat. 55. 147. 210.
322. 417. 527. 613. 667. 683.
Typus 22. Sat. 22. 77. 80. 101.
115. 151. 176. 194. 196. 276. 283.
292. 299. 304. 323 326 (*sceoldon ēc*). 335. 338. 356. 359. 383. 385
(*wīrron þā*). 391. 413. 436 437. 573.
604. 620 (*stondad* vielleicht zu streichen). 624. 628 630. 706
(*seoddan þū þon handum*). 718.
Typus 23. Sat. 14. 240. 603
(*geond þā fēower* Holth.). 722.
Typus 24. Sat. 252. 270. 354.
Typus 25. Sat. 53. 200. 230.
360. 441. 474. 479. 529. 538. 539
(*hwǣr þec gelȳdon*). 577. 615. 644
685. 697.
Typus 26. Sat. 25. 34 (*don*). 84.
141. 198. 246. 250. 266. 277. 303.
345. 349 (*nis nān swā snottor*). 369.
375. 396. 457. 465. 469. 472. 501.
510. 537. 542. 543. 544. 558. 563.
586. 652. 665. 673. 674. 694. 726
(*þā hē þæt gēmde* Holth.).
Typus 27. Sat. 23. 37. 41. 46.
81. 85. 88. 92. 108. 112 (*ac ic sceal on flyhte*). 124 148. 154. 173 177.
179. 187. 195. 247. 251. 284. 290.
291. 316. 346. 372. 378. 416 439.
470. 486 (*oferhȳrdon* Gr.). 493. 505.
518. 524 553. 575. 590. 643. 669.
705 (*þon* 733.

Typus 12. Sat. 522 (*andleofan gingrum*).
Typus 14 Sat. 194 273 (*þinga īg-hwile*). 573.
Typus 16. Sat. 363. 480.
Typus 17. Sat. 181. 698.

II^a. B. (x) x̌(x) x̌x x̌ x ' x̌.

Typus 31. Sat. 6. 8. 13. 14. 18.
20. 22. 26. 28. 30. 31. 36. 40. 42.
48. 49. 56. 61. 64 (*sūsl*). 68. 73.
79. 87. 91. 93. 94. 96. 101. 102.
103. 110. 111. 113. 135. 136. 141.
147. 149. 152 (*ful oft wuldres swēg* Gr.). 156. 157. 164. 165.
177. 178. 184. 190. 196. 213. 215.
217. 219. 231. 237. 239 (*and þām ædelan tö* Holth.). 243. 247. 248.
249. 253. 254. 256. 257. 262. 265.
266. 270. 272 275. 281. 283. 298.
304. 306. 309. 311. 314. 321. 323.
330. 331 (*ah nymþe gryndes bealu* Gr.). 332. 336. 337. 338. 348. 353.
356. 360. 373. 392. 393. 394. 398.
401. 403. 404. 409. 413. 417. 425
(*mid minre fare?*). 427. 430. 433.
434. 438. 441. 444 (*clom* S.). 445.
449. 450. 453. 454. 457. 459. 464
(*þæt hē wolde swā*; vgl Sat. 256.,
467. 473. 482. 483. 484. 485. 493.
495. 499. 504 (*in þam minnan hūm*).
506 (*þæt hēo āgan sculon* Holth.).
507. 508. 511. 521. 527. 531. 532.
533. 539. 540. 550. 554 (*būr wē āgan sculon* Holth.). 555. 556. 564.
574. 583. 585. 587. 589. 591. 593.
596. 605. 606. 607. 611. 615. 617.
618 (*būr habbad gē*). 623. 624. 625.
628. 637. 638 (*spell* S.). 646. 650.
659 (*tudr*). 660. 668. 669. 685.
691. 694. 713. 715. 721. 724. 726.
727. 728.

Typus 28. Sat. 220. 387. 517. 639. 702
Typus 29. Sat. 534.
Typus 30. Sat. 727.

IIa. B. (×)×(×) ×́× × ×́.
Typus 31. Sat. 9. 11. 30 (sceolun Hs.). 33 (scyldge). 38. 44 (dryhtne). 66. 95. 109. 126. 129. 131. 140. 144 (ēadge Bout.). 164. 165. 167. 168. 182 193. 212. 218. 224. 233. 234. 268. 273. 289. 297 (þēr hēo wīde-ferhd Gr.). 314 (āgan drēama drēam). 351. 352 (hū scīma þēr Holth.). 366 390. 411. 412. 419. 420. 440. 452. 462. 477. 481 (wong. 492. 494. 498. 502. 514. 516. 523. 536. 541. 552. 567. 570 (þā gȳt mid niddum wæs). 571. 572. 578. 583. 584. 588. 597. 612. 633. 634. 636. 647. 658. 661. 696. 710. 711. 723. 725.

Typus 32 Sat. 102. 180. 225. 261 (þē us eorre geweard). 410 432. 446. 489 (þā mē æt heortan gehrēaw; vgl. Cr. 1494). 491. 526. 549. 680a (þā hē mid hondum genom). 703.

Typus 33. Sat. 107. 169 170. 171. 598.

Typus 34. Sat. 488. 512. 530 (on up gestād Holth.). 730.

Typus 35. Sat. 120. 132. 235. 333. 350 (nē þæs swā glēaw and wīs). 707.

Typus 37. Sat. 100. 376. 426. 592.

IIb. D². (×) ×́× ×́××× ×́.
Typus 41. Sat. 137. 682 (hlāc healowes gāst; vgl. Sat. 721). 721
Typus 42. Sat. 262
Typus 43. Sat. 456. 712.
Typus 45a. Sat 199. 581.

Typus 32. Sat. 24 (wirse; vgl. Sat. 125. 175). 55. 86. 118. 125. 139. 174. 175 (þus Gr.). 201. 339. 379. 406. 418. 487. 496. 516. 560. 578. 602. 627. 664. 670. 681. 700. 712. 716.

Typus 33. Sat. 60. 83. 99. 130. 145. 191 (dydon his gingran swā some Gr.). 355. 405. 408. 448. 458.

Typus 34. Sat. 21. 76 (wæs þā forht āgēn Gr.). 78. 123. 163. 179 (hū ic in hæft becwōm). 192. 241. 245. 344. 347. 374. 387. 432. 466. 478. 489. 534. 545. 549. 569. 682. 717.

Typus 35. Sat. 82. 97. 207. 226. 322. 335 (nymde hāt and cald). 629. 665. 699.

Typus 36. Sat. 576.
Typus 37. Sat. 325. 342.

IIb. D². (×) ×́× ×́××× ×́.
Typus 41. Sat 32. 162. 244 260 (god seolfa him). 318. 701. 707 hell inne sēo S. . 708.

Typus 42. Sat. 10. 12. 657.
Typus 46. Sat. 5. 80 (word in ā-drāf). 686.
Typus 49. Sat. 238. 544.
Typus 50. Sat. 240.

III. E. (×) ×́××́×́×(×) ×́.
Typus 51. Sat. 461.
Typus 52. Sat. 106. 119. 268 293. 328. 346. 354. 389 (fægerre Gr.). 486. 570 (nergende Crist).
Typus 55. Sat. 43. 128. 155. 159. 180. 186. 250. 294. 362. 479 (frēo-drihtnes ēst Gr.). 546.
Typus 56. Sat. 242. 422.
Typus 58. Sat 285.

IVa. C. (×)×(×) ×́××́× .
Typus 61. Sat. 230. 503. 509. 620.

III. E. (×) | ×́×⏑×(×) | ×́.

Typus 51. Sat 371 (*Satanus seolf* Holth.). 408. 692.

Typus 52. Sat. 71. 134. 213 (*mycele* ist zu streichen). 377. 415. 421. 497 (*tintergan fela*). 562.

Typus 53. Sat. 679.

Typus 55. Sat. 216. 307. 339. 395. 561. 599.

IVa. C. ×́(×)× ×́×⏑× .

Typus 61. Sat. 3. 78. (*spear-cūde* Gr.). 127. 242. 280. 422. 447. 535 548. 655. 666. 671.

Typus 62. Sat. 54. 62. 172. 329. 364. 382. 490 (*þæs carcernes* Ettm.). 521. 595. 627. 645.

Typus 64. Sat 58. 368. 431. 600. 617. 695

Typus 65. Sat. 1. 51. 74 130. 138. 146 (*þāra æ-fæstra* Gr.). 208. 209. 259. 265. 271. 312 (*wuldr-cyninge*). 423. 429. 451. 466. 610. 611. 675. 690.

Typus 66. Sat. 27. 50. 65. 69. 114. 183. 197. 228. 278 (*on heofon-rīce*). 317. 370. 399 (*þæs here-weorces*; vgl. El. 656). 618 (*tō heofon-rīce*). 670 (*of heofon-rīce*). 680 (*on heofen-rīce*).

Typus 67. Sat. 229. 255 407. 443. 551. 568. 635.

Typus 68 Sat. 166. 256. 520. 649. 709 (*seondon* Hs.).

Typus 69. Sat. 2. 67 (*on cearum cwiddun*; vgl. Cr. 1131. Gu 194). 98 (*ēce æt duru helle*). 106. 160 *cwidde* S.). 389. 438. 606. 654. 678.

IVb. D¹. (×) ×́× | ×́×⏑× .

Typus 71. Sat. 75.

Typus 74. Sat. 86. 334 (*and* ist zu streichen). 574. 622.

Typus 62. Sat 221. 334 (*mecga* ist zu streichen).

Typus 64. Sat. 15. 95. 115 (*wuldr-cyning*). 167. 227 (*wuldr-cyning*). 282. 428 (*wuldr-cyning*). 463.

Typus 65. Sat. 188. 224 (*wuldr-cyninge*). 288 (*god* ist zu streichen). 435 (*þæt heora frēo-drihten* Bout.). 547. 641 (*þær de hīe frēo-drihten* Gr.). 684 (*lond-būend* S.).

Typus 66. Sat. 216. 349 (*nē swā searo-cræftig* Holth.). 437. 562. 571. 654 (*tō heofon-rīce* Gr.). 658.

Typus 67. Sat. 57. 74. 117. 166. 193. 210. 260a (*hē is riht cyning*; vgl. Sat. 688). 263. 279. 292. 301. 327. 350. 358. 397 (*up* Gr.). 424. 475 525. 565. 608. 622. 644 (*woruld* Gr.). 662. 663. 688. 692. 733.

Typus 68. Sat 105. 122. 200 (*þæt hē cræft hæfde* Gr.). 236. 361. 377. 383. 412 (*ne* ist zu streichen). 414. 566. 613. 634. 689. 705.

Typus 69. Sat. 33. 53. 59. 63. 112 (*and on flyge þrāgum*). 158. 185. 211 223. 302 308 368. 380 (*þā hē duru helle*). 423. 474. 491. 494 (*sette*). 538. 557. 594 (*uton teala hycgan* Gr.). 614. 632. 651. 676. 693. 710. 722.

Typus 70. Sat. 143. 492. 529.

IVb. D¹. (×) ×́× | ×́×⏑× .

Typus 71. Sat. 25. 41 (*sūsl*). 66. 170. 276. 320. 345. 468. 490 (*clom drōwāde*). 524. 541 (*eft scēa-wiad*).

Typus 72. Sat. 72 (*hwearf-don* S.). 98. 274. 395.

Typus 74. Sat. 1. 153. 195. 299 (*ār*). 367. 577. 723.

Typus 75. Sat. 300. 396. 426. 648.

Typus 75. Sat. 158. 318. 402.
Typus 78. Sat. 35. 191.
Typus 79. Sat. 21 94. 189.
239. 320. 358. 363. 374. 386. 442
471. 500 (*rices rǣd-boran* S.). 640.
656. 659.
Typus 80. Sat. 448. 566. 579.
713.
Typus 81. Sat. 64. 121. 161.
226 (*ȝiel ondettan* Holth.). 301. 311.
459. 515. 616. 668. 698.
Typus 82. Sat. 39. 52. 73. 232
(*drēogan dōmlēase*). 295. 522. 560
(*man-cynne* Gr.). 601. 642.
Typus 83. Sat. 700 (*hel heoro-drēorig* Gr.).
Typus 85. Sat. 222.

Reste:

Sat. 89 (*wēne gē þæt tācen sutol*).
90 (*þā ic of*) 513 (*tō*). 528 *hāligne*).
646 (*georne þurh godes gife*). 677
(fehlt). 704 *and hū sid* 719 *hæf-don gewunnen*). 731 (*wordum in-witum*). 732 (*reordian and cwedan*).

Typus 78. Sat. 269. 280 340. 719.
Typus 81. Sat. 310. 359. 671 697.
Typus 89. Sat. 289 456. 470.
559 667.

Reste.

Sat. 89 (*and wærgdu*). 90 (*ā-seald wæs*). 173 (*sunu meotodes*).
528 (*godes sunu*). 609 (*wlitige and unclǣne*). 640 (*stāled*). 677 (*nympe mē ǣnne*). 704 (*sē swarta edm sēo*).
730 (fehlt). 731 (*ongunnon þā wēri-gan gāstas*). 732 (fehlt).

Es fallen fort die zweiten Halb-zeilen von V. 203. 620. 713 und die ersten Halbzeilen von V. 204. 621. 714, da die Verse 203/4. 620/21. 713/14 in je einen Vers zusammen-gezogen wurden, ferner V. 313 (späterer Zusatz), 365 (Prosabe-merkung), 720 (von Grein ergänzt, von Wülker fortgelassen). Dafür kommen neu hinzu die Verse 260a und 680a. Die Gesamtzahl der Verse des Satan beträgt danach 733 — 6 + 2 = 729.

Nach obiger Zusammenstellung erhalten wir für die Verteilung der Verse des Satan auf die sechs rhythmischen Grundformen folgende Tabelle:

Typus	Satan 1—733.		Satan °/oo		Beowulf 1—1000.		Daniel °/oo	
A	450	287	617	394	489	353	515	391
B	106	251	145	344	113	220	122	231
D²	8	17	11	23	26	56	38	5
E	18	25	25	34	48	58	56	32
C	86	99	118	136	188	205	160	265
D¹	51	39	70	54	133	104	100	75
Reste	10	11	14	15	3	4	9	1
Summa	729	729	1000	1000	1000	1000	1000	1000

In der Anwendung der sechs Grundformen ergeben sich danach für den Satan folgende stark hervortretende Abweichungen vom Beowulf und Daniel: Die A- und B-verse finden sich in beiden Halbzeilen häufiger, und zwar sind die A-verse in der ersten, die B-verse in der zweiten Halbzeile ganz besonders bevorzugt, so dass in der ersten Halbzeile die A-verse mehr als $^3/_5$, in der zweiten die B-verse mehr als $^1/_3$ sämtlicher Verse ausmachen. Alle andern Grundformen treten infolgedessen in beiden Vershälften zurück; sie erscheinen etwa halb so oft als im Beowulf.

Das Verhältnis der beiden Halbzeilen zu einander gestaltet sich dagegen im Satan nicht wesentlich verschieden von dem des Beowulf:

	Satan I II	Beowulf I II	Daniel I II
A	100 : 63	100 : 72	100 : 76
B	100 : 237	100 : 195	100 : 189
D²	100 : 212	100 : 215	100 : 14
E	100 : 139	100 : 121	100 : 56
C	100 : 116	100 : 109	100 : 166
D¹	100 : 76	100 : 78	100 : 75

Wir wenden uns nunmehr wieder der Beobachtung der feineren rhythmischen Eigenheiten des Satan zu, indem wir die verschiedene Verwendung der Unterarten der sechs Grundformen im Vergleich zum Beowulf untersuchen. Auch die entsprechenden Angaben für den Daniel sind beigefügt, um die Verschiedenheiten der früher einem Verfasser zugeschriebenen Gedichte besser hervorzuheben. Die Zahlen für den Exodus kann ich aus Raummangel hier nicht wiederholen; doch ist dessen Sonderstellung innerhalb der gesamten ae. Dichtung bereits oben (p. 26 ff.) klargelegt worden.

Wie oben bereits bemerkt, sind im Satan die A-verse in beiden Halbzeilen, ganz besonders in der ersten, zahlreicher vertreten als im Beowulf. Umsomehr muss es auffallen, dass gerade die einfachste und sonst häufigste Unter-

art der A-verse. Typus 1 *(lange hwīle)* in der zweiten
Halbzeile nur ebenso oft. in der ersten sogar noch seltener
auftritt als im Beowulf. Die Steigerung betrifft vielmehr
in der zweiten Halbzeile fast nur den Typus 2 *(folcum*

Grundform I. A. 1—30.

Typus	Satan 1—733		Satan °/oo		Beowulf 1—1000		Daniel °/oo	
1.	75	139	103	190	120	188	129	225
2.	23	60	32	82	45	53	26	60
3.	77	14	106	19	41	18	42	17
4.	20	—	27	—	12	3	16	1
5.	10	38	14	52	19	55	21	45
6.	55	12	75	16	41	13	37	14
7.	8	6	11	8	17	5	3	4
8.	3	6	4	8	2	1	7	3
9.	4	1	5	1	5	3	10	4
10.	4	1	5	1	6	—	1	—
11.	4	2	5	3	27	8	17	13
12.	1	1	1	1	15	—	10	—
13.	—	—	--	—	2	—	5	1
14.	5	3	7	4	12	—	1	1
15.	4	—	5	—	8	—	7	—
16.	8	2	11	3	16	3	8	1
17.	1	2	1	3	5	—	—	—
18.	—	—	—	—	5	2	—	—
19.	—	—	—	—	5	—	—	—
20.	—	—	—	—	4	—	—	—
21.	9	—	12	—	2	—	7	—
22.	34	—	47	—	14	—	29	—
23.	4	—	5	—	4	—	14	—
24.	3	—	4	—	1	—	9	—
25.	15	—	21	—	8	—	20	—
26.	34	—	47	—	25	—	34	—
27.	42	—	58	—	21	—	47	—
28.	5	—	7	—	5	—	8	—
29.	1	—	1	—	1	1	5	1
30.	1	—	1	—	1	...	1	—
Summa	450	287	617	394	489	353	515	391

gefrœge), der dort erheblich öfter vorkommt als im Beowulf.
in der ersten Halbzeile, wenn wir von den A³-versen ab-
sehen, ganz besonders die Typen 3 *(folce tō frōfre)* und 6
(geong in geardum), zum Teil auch 4 *(sœgdest from his*

side). Namentlich ist die Bevorzugung des Typus 3 überraschend; er steht in der ersten Halbzeile des Satan $2\frac{1}{2}$ mal so oft als im Beowulf und Daniel, 4 mal so oft als im Exodus und übertrifft an Zahl sogar den sonst von keiner anderen Versart erreichten Typus 1.

Für die Gesamtzahlen der A^2-verse im Satan (30 $+$ 14) stellt sich das Ergebnis heraus, dass sie in der ersten Halbzeile ganz auffallend seltener sind als im Beowulf (99 $+$ 13); sie betragen kaum ein Drittel davon. Die A^2-verse treten danach im Satan noch weit mehr zurück als im Daniel (48 $+$ 16), der sich seinerseits schon merklich durch das seltenere Vorkommen derselben in der ersten Halbzeile auszeichnete. Es sind sämtliche Unterarten weniger oft angewendet; die Typen 18—20 fehlen wie im Daniel gänzlich; verhältnismässig am zahlreichsten finden wir Typus 16 (*hēah and horn-gēap*).

Dagegen sind die A^3-verse (Typus 21—28) wieder sehr stark im Satan (201) vertreten, stärker noch als im Daniel (168), welcher doppelt so viel Verse dieser Art aufweist als Beowulf (80) und Exodus (92). Ganz besonders häufig finden wir die auch im Beowulf beliebten Typen 22 (*sōna þæt onfunde*), 26 (*þā wæs on burgum*) und 27 (*nū gē mōton gangan*).

Grundform II^a. B (31—40).

Typus	Satan 1—733		Satan $^o/_{oo}$		Beowulf 1—1000		Daniel $^o/_{oo}$	
31.	74	179	102	246	77	134	75	147
32.	13	26	18	36	15	27	25	30
33.	5	11	7	15	3	10	3	4
34.	4	23	5	32	5	26	12	37
35.	6	9	8	12	5	10	4	8
36.	—	1	—	1	3	2	3	1
37.	4	2	5	3	4	8	1	3
38.	—	—	—	—	1	—	—	—
39.	—	—	—	—	—	2	—	1
40.	—	—	—	—	—	1	—	—
Summa	106	251	145	344	113	220	122	231

Die erhebliche Steigerung, welche die B-verse im Satan, namentlich in der zweiten Vershälfte erfahren, kommt fast ausschliesslich der einfachsten und gebräuchlichsten Unterart, dem Typus 31 *(him on bearme læg)*, zu gute; er findet sich hier nahezu doppelt so oft als im Beowulf und Daniel, fast dreimal so oft als im Exodus. Die Verschiedenheiten in den übrigen Typen der Grundform B sind dagegen unbedeutend.

Grundform II^b. D^2 (41—50).

Typus	Satan 1—733		Satan $^o/_{oo}$		Beowulf 1—1000		Daniel $^o/_{oo}$	
41.	3	8	4	11	5	11	8	—
42.	1	3	1	4	5	12	4	—
43.	2	—	3	—	5	—	13	—
44.	—	—	—	—	1	3	4	1
45.	2	—	3	—	2	1	3	—
46.	—	3	—	4	1	11	3	—
47.	—	—	—	—	1	5	—	—
48.	—	—	—	—	1	—	1	—
49.	—	2	—	3	2	11	3	1
50.	—	1	—	1	3	2	—	3
Summa	8	17	11	23	26	56	38	5

Die D^2-verse finden sich im Satan weniger oft als im Beowulf und Exodus, und zwar in beiden Halbzeilen, jedoch sind sie nicht in so hohem Grade selten wie im Daniel, der in der zweiten Halbzeile überhaupt nur 4 Beispiele für diesen Typus aufweist. Die auch sonst selteneren Typen 44 *(sēon sibbe-gedriht)*, 47 *(flota wæs on ȳðum)* und 48 *(lēoda land-geweorc)* fehlen ganz; die Typen 42 *(flota stille bād)*, 46 *(first ford gewāt)* und 49 *(word-hord onlēac)* sind in der zweiten Halbzeile weit seltener zu finden als im Beowulf und Exodus.

Die Verse von der Grundform E treten im Satan im Vergleich zum Beowulf, Exodus und Daniel stark zurück; namentlich erwähnenswert ist es, dass die Typen 57—60, bei denen auf das dreihebige Wort noch eine Senkungssilbe folgt, fast gänzlich fehlen. Typus 56 *(welite-beorhtne*

wany), der im Daniel nur in der ersten Vershälfte vor-
kommt, ist hier umgekehrt auf die zweite Halbzeile be-
schränkt, aber auch dort verhältnismässig selten. Zahl-
reicher als im Beowulf erscheinen nur diejenigen E-verse,

Grundform III. E (51—60).

Typus	Satan 1—733		Satan °/oo		Beowulf 1—1000		Daniel °/oo	
51.	3	1	4	1	1	—	13	1
52.	8	10	11	14	5	4	7	5
53.	1	—	1	—	2	1	12	9
54.	—	—	—	—	—	3	—	—
55.	6	11	8	15	23	31	9	12
56.	—	2	—	3	7	10	10	—
57.	—	—	—	—	2	—	1	1
58.	—	1	—	1	—	1	—	—
59.	—	—	—	—	5	3	4	3
60.	—	—	—	—	3	5	—	—
Summa	18	25	25	34	48	58	56	32

in denen der am Eingange stehende dreihebige Takt durch
ein einfaches Wort ausgefüllt ist; der Typus 52 *(murnende
mōd)* ist z. B. im Satan doppelt so oft vertreten als im
Beowulf und Daniel.

Grundform IV^a. C (61—70).

Typus	Satan 1—733		Satan °/oo		Beowulf 1—1000		Daniel °/oo	
C¹ 61.	12	4	16	5	6	2	33	16
62.	11	2	15	3	15	3	18	13
63.	—	—	—	—	2	—	13	7
C² 64.	6	8	8	11	50	23	12	33
65.	20	7	27	10	54	18	28	24
66.	15	7	21	10	26	9	5	22
C³ 67.	7	27	10	37	25	61	17	54
68.	5	14	7	19	3	45	16	46
69.	10	27	14	37	6	41	18	50
70.	—	3	—	4	1	3	—	1
Summa	86	99	118	136	188	205	160	265

Im Durchschnitt sind die C-verse im Satan bedeutend
seltener angewendet als im Beowulf; etwas häufiger finden
sich wieder nur diejenigen Verse, in denen der dreihebige

Takt ein einfaches Wort enthält (Typus 61 – 63), entsprechend den allein häufiger gebrauchten Unterarten des E-typus. Die C²-verse (Typus 64—66), bei denen ein dreihebiges Compositum am Versende steht, begegnen in beiden Halbzeilen etwa um die Hälfte seltener als im Beowulf; namentlich tritt Typus 64 (*in geār-dagum*), bei dem die zweite Hebung des dreihebigen Taktes auf eine kurze Silbe fällt, im Vergleich zum Beowulf und Exodus erheblich zurück. Dasselbe gilt von den sog. C³-versen (Typus 67 bis 70), bei denen zwei selbständige Wörter den dreihebigen Takt bilden. Es ist Typus 67 (*on bearm scipes*) in beiden Halbzeilen und Typus 68 (*ic tō sē wille*) in der zweiten nur halb so stark vertreten als im Beowulf. Etwas öfter stehen in der ersten Vershälfte die Typen 68 (*ic tō sē wille*) und 69 (*on fæder bearme*); letzterer kommt auch in der zweiten Vershälfte ungefähr so oft vor wie im Beowulf.

Grundform IVᵇ. D¹ (71—90).

Typus	Satan 1—733		Satan °/oo		Beowulf 1—1000		Daniel °/oo	
71.	1	11	1	15	2	24	3	20
72.	—	4	—	5	—	11	3	14
73.	—	—	—	—	10	—	5	—
74.	4	7	5	10	15	19	5	16
75.	3	4	4	5	8	14	—	—
76.	—	—	—	—	2	—	5	—
77.	—	—	—	—	12	—	1	—
78.	2	4	3	5	5	4	5	3
79.	15	—	21	—	18	—	20	—
80.	4	—	5	—	8	10	1	3
81.	11	4	15	5	14	9	7	4
82.	9	—	12	—	6	—	16	—
83.	1	—	1	—	4	2	4	—
84.	—	—	—	—	—	1	—	—
85.	1	—	1	—	10	—	5	—
86.	—	—	—	—	3	2	1	—
87.	—	—	—	—	1	2	1	1
88.	—	—	—	—	2	1	1	—
89.	—	5	—	7	8	2	12	13
90.	—	—	—	—	5	3	4	1
Summa	51	39	70	54	133	104	100	75

Auch die D^1-verse sind im Satan durchweg seltener gebraucht als im Beowulf, Exodus und Daniel. Keine Beispiele hat der Satan für die Typen 73. 76. 77. 84. 86—88. 90. Der sonst nicht ungewöhnliche Typus 80 (*fēond mancynnes*) fehlt wie im Exodus in der zweiten Halbzeile ganz, ebenso Typus 89 (*gūð-rinc monig*) in der ersten, während er in der zweiten Vershälfte etwas häufiger steht als im Beowulf. Etwas öfter als im Beowulf begegnen auch die sog. gesteigerten Typen 79 (*mǣre mearc-stapa*) und 82 (*sīde sǣ-næssas*), die wegen der stärkeren Ausfüllung des Verseinganges auf die erste Halbzeile beschränkt sind; dagegen ist der gleichfalls „gesteigerte" Typus 85 (*hwetton hige-rōfne*) nur durch ein Beispiel vertreten.

Alliteration.

Die Zahl der Verse, welche in der ersten Halbzeile zwei Reimstäbe enthalten (335), bleibt im Satan hinter der Zahl der Verse mit einfacher Alliteration (394) noch etwas mehr zurück als im Daniel, während im Beowulf und Exodus beide Gruppen annähernd gleich waren. Den Grund hierfür bildet wohl das stärkere Ueberwiegen der A^3-verse, bei denen Doppelalliteration ausgeschlossen ist. Das Verhältnis der doppelten zur einfachen Alliteration innerhalb der sechs Hauptschemata stellt sich im Satan folgendermassen dar:

	A	B	D^2	E	C	D^1	Reste
Doppel-All.:	238	30	9	7	8	41	2
Einf. All.:	214	75	—	11	79	9	6

Interessant ist wiederum, es zu beobachten, welche Laute der Dichter mit Vorliebe als Träger der Alliteration verwendet:

	Vocale	b	c	d	f	g	h	l	m
Satan	165	35	13	49	48	34	111	20	40
Satan %o	227	48	18	67	66	47	153	27	55
Beowulf	158	62	15	29	101	88	117	47	80
Exod. %o	134	58	24	39	133	51	107	75	109
Dan. %o	168	75	30	46	63	68	112	37	71

	n	r	s	sc	sp	st	t	þ	w
Satan	12	8	61	9	1	4	9	21	85
Satan %oo	16	11	84	12	1	5	12	29	117
Beowulf	17	15	111	14	1	4	5	25	110
Exod. %oo	14	20	85	5	3	5	10	12	116
Dan. %oo	18	30	97	3	1	5	10	21	145

Am häufigsten ist also vocalische Alliteration, zu der fast $1/4$ der Verse des Gedichtes gehören, während im Beowulf und Daniel nur etwa $1/6$, im Exodus sogar nur $1/8$ der Verse vocalisch alliterieren. Demnächst ist *h* am meisten bevorzugt; auch *d* erscheint öfter als in den anderen Gedichten. Die im Exodus besonders beliebten Laute *f*, *m*, *l* werden im Satan noch seltener als im Daniel verwendet; *w*, das im Daniel stärker vertreten war, ist etwa ebenso häufig wie im Beowulf und Exodus.

Verfasserfrage.

Nachdem wir die für den Satan charakteristischen metrischen Merkmale hiermit festgestellt haben, wenden wir uns der Untersuchung der Composition dieses Gedichtes zu. Ten Brink hat in seiner Litteraturgeschichte (Bd. I, p. 109 ff.) die Ansicht geltend gemacht, dass der ags. Satan, wie er uns vorliegt, die Vereinigung von drei verschiedenen Gedichten zu einem schlecht passenden Ganzen bildet. Seinen Ausführungen gemäss reicht der erste Teil von V. 1—365, der zweite von V. 366—664 und der dritte von V. 665—733. Demgemäss hat Wülker in seiner Neubearbeitung von Greins Bibl. der ags. Poesie den Satan in drei selbständige Gedichte zerlegt: „Die Klagen der gefallenen Engel" (Bibl. II, 521—541), „Christi Höllenfahrt, Auferstehung, Himmelfahrt und Kommen zum jüngsten Gericht" (Bibl. II, 542—557) und „Versuchung Christi" (Bibl. II, 558—562). Die Annahme ten Brinks hat Kühn (Ueber die ags. Gedichte von Christ und Satan, Diss., Jena 1883) im einzelnen zu beweisen gesucht, während gegenüber

der von Kühn unterstützten Ansicht ten Brinks Groschopp
(Das ags. Gedicht Christ und Satan, Diss., Leipzig 1883)
die Einheitlichkeit der uns vorliegenden Fassung des Satan
betont. Er sieht in der jetzigen Gestalt die Ueberarbeitung
und Vereinigung von Bruchstücken eines ursprünglichen
Gedichtes durch dieselbe Hand. Diese Annahme Groschopps
von der einheitlichen Composition des Satan wird durch eine
nähere Betrachtung der Metrik des Gedichtes vollauf bestätigt.
Unsere metrische Untersuchung des Satan ergiebt für
die Praxis dieses Gedichtes folgende hauptsächliche Ab-
weichungen von dem Versbau des Beowulf, Exodus und
Daniel: die A-verse, insbesondere die A^1- und A^3-verse,
kommen in beiden Halbzeilen häufiger vor, während die
die A^2-verse allerdings stark zurücktreten. Die B-verse,
darunter namentlich der Typus 31 *(him on bearme læg)*
sind gleichfalls merklich zahlreicher. Dagegen finden sich
die anderen Grundformen durchgängig seltener.

Wenn wir nun den ersten Teil des Gedichtes, V. 1 bis
365, mit Satan A, den zweiten, V. 366—664, mit Satan B
und den dritten Teil, V. 665—733, mit Satan C bezeichnen,
so sind die beiden letzten Teile, Satan B, C (366 Verse)
fast genau so lang als der erste Teil, Satan A (363 Verse):
es müssen also, wenn das ganze Gedicht von demselben Ver-
fasser herrühren soll, die metrischen Eigentümlichkeiten auch
ziemlich gleichmässig in beiden Abschnitten wiederkehren.

Zunächst soll folgende Tabelle veranschaulichen, wie
sich die Verse des Satan A im Vergleich zu denen des
Satan B, C auf die sechs Grundformen verteilen:

Typus	Satan A 1—365		Satan B, C 366—733	
A	238	140	212	147
B	46	125	60	126
D^2	3	11	5	6
E	6	18	12	7
C	42	45	44	54
D^1	26	21	25	18
Reste	2	3	8	8

Diese Gegenüberstellung zeigt, dass die zur Grund-
form A gehörigen Verse des Satan sich in beiden Teilen
gleich zahlreich finden, die B-verse ebenfalls im Satan A
so oft wie im Satan B, C wiederkehren, und schliesslich
auch die andern den Grundformen D², E, C, D¹ zukommenden
Verse in beiden Abschnitten die dem Satan eigentümliche
seltenere Verwendung aufweisen.

Die metrischen Gründe sprechen also mit Bestimmtheit
für die Einheitlichkeit des Satan. Bestärkt werden wir
in unserer Ansicht, wenn wir unter Hinweis auf die oben
(p. 57 ff.) gegebene Einordnung sämtlicher Verse des Satan
in Kaluzas Typensystem zu dem Vergleich der beiden
Teile nun auch die feineren rhythmischen Eigenheiten des
Satan heranziehen. So ist z. B. der Typus 1 *(lange hwīle)*,
welcher im Unterschied zum Beowulf, Exodus und Daniel
merklich selten in der ersten Halbzeile erscheint, in beiden
Teilen des Gedichtes in gleichmässig geringer Anzahl anzu-
treffen. Satan A hat in der ersten Vershälfte 40, Satan
B, C 35 Beispiele dieser Art, in der zweiten Halbzeile
Satan A 67, Satan B, C 72. Auch die den Typus 2 *(fol-
cum gefræge)* betreffende Eigentümlichkeit teilt der Satan A
mit dem Satan B, C, denn in der zweiten Halbzeile findet
er sich hier wie dort in gleicher Weise zahlreicher als in
den drei anderen verglichenen Gedichten.

Ebenso ist das seltenere Vorkommen der A²-verse
(Satan A 14 + 4; Satan B, C 9 + 6) und die auffallend
starke Bevorzugung der A³-verse (Satan A 71; Satan B, C
77) beiden Teilen in gleichem Masse eigen. Dasselbe ist
ferner der Fall bei der häufigsten Unterart der B-verse,
Typus 31 *(him on bearme læg)*: Satan A 32 + 89: Satan
B, C 42 + 90; er tritt in der zweiten Vershälfte im Satan
fast doppelt so häufig auf als im Beowulf, Exodus und
Daniel.

Bei der Vergleichung der Unterarten der übrigen
Grundformen ist gleichfalls ein merklicher Unterschied nicht
zu entdecken. Alle vorhin für den Satan als Ganzes fest-

gestellten metrischen Eigentümlichkeiten gelten stets für die einzelnen Teile des Gedichtes in ungefähr gleichem Verhältnis.

Erwähnenswert ist schliesslich noch, dass auch in der Wahl bestimmter Laute als Träger der Alliteration eine möglichst grosse Uebereinstimmung zwischen beiden Teilen herrscht, wie aus folgender Tabelle ersichtlich ist:

	Vocal	b	c	d	f	g	h	l	m
Satan A	87	18	6	24	24	15	54	12	16
Sat. B, C	78	17	7	25	24	19	57	8	24

	n	r	s	sc	sp	st	t	þ	w	Reste
Satan A	6	3	31	7	1	2	2	6	48	1
Satan B, C	6	5	30	2	—	2	7	15	37	3

Alle diese genauen Uebereinstimmungen in den metrischen Eigentümlichkeiten zwischen den einzelnen Teilen des Satan beweisen deutlich, dass die jetzige Gestalt des Gedichtes von derselben Hand herrührt. Ob nun, wie Groschopp meint, in dem überlieferten Text das Werk eines Restaurators zu sehen ist, welcher Bruchstücke eines älteren Gedichtes zu einem einheitlichen Ganzen verschmolzen hat, oder ob die jetzige Fassung auch die ursprüngliche Gestalt des Gedichtes repräsentiert, lässt sich durch metrische Gründe allein nicht entscheiden; doch scheint mir auf Seiten der letzteren Ansicht die grössere Wahrscheinlichkeit zu liegen.

- - - -

Genesis A.

Während wir bei der Untersuchung des Exodus, Daniel und Satan zuerst eine Analyse der Metrik gaben und auf Grund der gewonnenen Resultate die Verfasserfrage zu lösen suchten, können wir bei der Erörterung der Genesis im Voraus den Abschnitt V. 235—851 (= Genesis B) wegen seiner fremdartigen Stellung allen anderen Gedichten gegenüber als Bruchstück eines besonderen, selbständigen Werkes ausscheiden. Nach Sievers' Untersuchung, Der Heliand und die ags. Genesis, Halle 1875, ist das in die Genesis eingeschobene Stück (der Fall der Engel und die Versuchungsgeschichte) kein ae. Originalwerk, sondern die Ueberarbeitung eines altsächsischen Gedichtes, das auf Grund auffälliger Uebereinstimmung des Wort- und Formelschatzes dem Verfasser des Heliand zuzuweisen sei. Was Hönncher, Studien zur ags. Genesis, Anglia VII, 469 ff., zur Widerlegung dieser Ansicht geltend gemacht hat, ist nicht beweiskräftig, denn auch die Metrik bestätigt einleuchtend die enge Verwandtschaft der Genesis B mit dem Heliand. Ueberdies ist inzwischen durch die von Zangemeister aufgefundenen und von Braune in den Neuen Heidelberger Jahrbüchern IV, 205 ff. veröffentlichten „Bruchstücke der altsächsischen Bibeldichtung aus der Bibliotheca Palatina", die u. a. auch das altsächsische Original zu V. 790—817 der Gen. B enthalten, Sievers' Vermutung zur unumstösslichen Gewissheit geworden.

Wir betrachten also im Folgenden zunächst nur die sog. Gen. A (V. 1—234. 852—2935), deren Verse sich folgendermassen auf die von Kaluza angesetzten 90 Typen verteilen:

Erste Halbzeile.	Zweite Halbzeile.
I. A. (×) x́×x́× x́×x́	I. A. (×) x́×x́× x́×x́
Typus 1. Gen. 3. 4. 7. 12. 14.17. 19. 34. 38. 41. 44*. 45*. 48. 58. 60. 62. 69. 72. 73. 74. 83. 94. 108. 119. 121. 122. 129. 136. 137. 138. 147. 148. 155*. 164. 166. 171. 185. 189. 212. 224. 225. 230. 905. 913*. 914. 942. 944. 951. 959. 976. 984. 988. 990. 993. 1008. 1012. 1014. 1015⁺. 1017*. 1018*. 1019*. 1030. 1033. 1049. 1059 (ūrest ealra). 1080. 1088. 1091. 1094. 1112 (sealde selja). 1113. 1116. 1117. 1136. 1144. 1164.	Typus 1. Gen. 2. 8. 11. 13. 15. 17. 26. 27. 30. 33. 38. 39. 40. 47. 59. 65. 67. 80. 87. 90. 92. 95. 98. 105. 112. 115. 126. 137. 140. 141. 142. 145. 146. 151. 153. 164. 167. 169. 170. 175. 186 (Eve nemned). 193. 196. 197. 206. 210. 214. 216. 217. 218. 223. 228. 234. 853. 854. 855. 858. 862. 864. 866. 867. 868. 880. 889. 891. 893. 894. 903. 904. 906 (wērig s.). 907. 913*. 922. 925. 927. 929. 936. 941. 946.

1168. 1170. 1171. 1175. 1176. 1197.
1198 *. 1203. 1205. 1206. 1216. 1223.
1233. 1235. 1239. 1242. 1244. 1247.
1250. 1265. 1268. 1276. 1282. 1295.
1313. 1314. 1319. 1346. 1360. 1362.
1365. 1366. 1367. 1371. 1373. 1375.
1379. 1385. 1391. 1396. 1399. 1406.
1408. 1424. 1426. 1430. 1443. 1448.
1454. 1467. 1474. 1478. 1480. 1491.
1495. 1503. 1504. 1509. 1511. 1522.
1536. 1541. 1552 1578. 1583. 1594.
1603. 1620. 1621. 1625. 1628. 1629.
1642. 1646. 1651. 1656. 1658. 1665.
1676. 1682. 1689. 1690. 1718. 1723.
1726 1729. 1749. 1750. 1752. 1756.
1758. 1761. 1763. 1771. 1782. 1788.
1790. 1793. 1794. 1807. 1812. 1822.
1833. 1834. 1836. 1837. 1841. 1843.
1849. 1851. 1859. 1875 (*hie* ist zu
streichen). 1886. 1888. 1893. 1894.
1910. 1913. 1915 1916. 1924. 1945.
1948. 1962. 1969. 1974. 1975. 1976.
1978. 1980. 1989. 1993. 2004. 2006.
2009. 2014. 2020. 2023. 2025. 2029
2036. 2037. 2046*. 2051. 2054. 2058.
2075. 2080. 2081. 2085 2101. 2115
2118. 2124. 2133. 2142. 2144. 2148.
2149 (*hūde lūdan*). 2156. 2167*.
2168*. 2169*. 2171. 2173 *. 2177.
2184ᵃ. 2187. 2188. 2190. 2198. 2201
(*fēowra*). 2206. 2213. 2222. 2252.
2253. 2257. 2266. 2267. 2268. 2270.
2285. 2289. 2290. 2293. 2303. 2306.
2307. 2312. 2319. 2326*. 2327*.
2331. 2346. 2347. 2352. 2360. 2362.
2365. 2366. 2368. 2372. 2374. 2375.
2389. 2400. 2404*. 2409*. 2410*.
2419. 2424. 2427. 2437. 2448. 2453.
2465. 2472. 2484. 2485. 2489. 2490.
2492. 2495. 2502. 2518 2527. 2536.
2544. 2545. 2548. 2551. 2567. 2571
2578. 2581. 2582. 2585. 2587. 2605.
2610. 2611. 2624. 2632. 2633. 2640.

947. 951. 952. 956. 957. 960. 967.
970. 972. 977. 986. 990. 991. 996.
1001. 1002. 1003. 1004. 1010. 1015*.
1018*. 1019*. 1023. 1025. 1027.
1035. 1036. 1037. 1040. 1044. 1046.
1052. 1054. 1057. 1060. 1061. 1064.
1067. 1069. 1070. 1072. 1076. 1079.
1083. 1085. 1089. 1090. 1093. 1095.
1097. 1102. 1105. 1112. 1118. 1120.
1122. 1124. 1130. 1133. 1135. 1138.
1140. 1142. 1145. 1149. 1152. 1156.
1157. 1159. 1172. 1174. 1177. 1179.
1180 1188. 1191. 1195. 1196. 1200.
1201. 1204. 1211. 1213. 1214. 1217.
1218. 1219. 1225. 1226. 1228. 1229.
1231. 1237. 1241 (*Chaam*). 1242.
1249. 1251. 1253. 1259. 1266. 1267.
1269. 1270. 1272. 1284. 1287. 1288.
1291. 1292 1297. 1301. 1305. 1317.
1322. 1326. 1327. 1328. 1333. 1337.
1338 (*twēgen* S.). 1339. 1342. 1344.
1349. 1350. 1354. 1357. 1364. 1366.
1367. 1371. 1374. 1378 1387 (*hëahe*).
1390. 1392. 1395. 1402. 1411. 1420.
1427. 1430. 1434. 1435. 1440. 1441.
1445. 1448. 1449. 1450. 1451. 1455.
1461. 1462. 1463. 1466. 1469. 1470.
1472. 1477. 1483. 1484. 1492. 1496.
1499. 1500. 1507. 1512. 1513. 1519.
1520 '*sāwol-drēore*). 1522*. 1525.
1531. 1532. 1533. 1534. 1545. 1549.
1550. 1554. 1555. 1557. 1559. 1560.
1561. 1563. 1568. 1569. 1575. 1576.
1591. 1597. 1598. 1599. 1600. 1605.
1607. 1609. 1610. 1611. 1615. 1617.
1619. 1624. 1631. 1639. 1643. 1645.
1648. 1649. 1652. 1656. 1657. 1659.
1669. 1671. 1674. 1675. 1677. 1687.
1696. 1705. 1709. 1712. 1716. 1718.
1720. 1725. 1732. 1740. 1745. 1751.
1753. 1757. 1765. 1767. 1768. 1774.
1776. 1783. 1785. 1788. 1794. 1799.
1805. 1811. 1818. 1823. 1824. 1825.

2641. 2645. 2647 (*syljum sēced* Gr.).
2650. 2651. 2660. 2675. 2683. 2711.
2714. 2715. 2724. 2732. 2735. 2746.
2851. 2761. 2768. 2784. 2786. 2798.
2799. 2802. 2814. 2818. 2827. 2832.
2848. 2850. 2854* (*hēahan*). 2855*.
2856*. 2857*. 2865*. 2866*. 2867*.
2880. 2903. 2904. 2906. 2907. 2909.
2910. 2913. 2915. 2920. 2925. 2930.
2935.

Typus 2. Gen. 18. 32. 76. 86.
160. 165. 177. 187. 208. 215. 223.
857. 861. 889. 895. 911. 921. 930.
932. 934. 938. 940. 963. 983. 995.
1041. 1185. 1257. 1286. 1294. 1304.
1329. 1336. 1428. 1492. 1523*. 1542.
1587. 1660. 1671. 1693. 1734. 1775.
1780. 1789 (*gewlōhe* S.). 1838. 1899.
1936. 1995. 2001. 2040 (*onfōhan*).
2082. 2113. 2195. 2224. 2258 (*ñ-tēohan*). 2308. 2334. 2364. 2425.
2430. 2488. 2506. 2514. 2522. 2555.
2665. 2681. 2762. 2864.

Typus 3. Gen. 21. 52. 56. 80.
81. 157. 172. 219. 231. 870. 931.
953. 967. 981. 982. 1048. 1076. 1077.
1092. 1096. 1105. 1109. 1119. 1121.
1123. 1124. 1150. 1172. 1207. 1234.
1264. 1290. 1315. 1322. 1323. 1348.
1353. 1389. 1397. 1459. 1463. 1486.
1487. 1532. 1533. 1535. 1570. 1584.
1592. 1616. 1635. 1655. 1688. 1710.
1731. 1747. 1772. 1802. 1815. 1845.
1862. 1900. 1919. 1926. 1930. 1952.
1972. 2008. 2010. 2027. 2038. 2062.
2074. 2137. 2138. 2147. 2151. 2175
(*jrēora to jrōfre*). 2246. 2262. 2276.
2277. 2281. 2309. 2315. 2350. 2447.
2452. 2496. 2505. 2516. 2519. 2569.
2625 (*wiste hē gearwe*). 2638. 2757.
2763. 2766. 2772. 2781. 2791. 2805.
2824. 2860. 2872.

Typus 4. Gen. 20. 52. 143.

1826. 1830. 1835. 1839. 1842. 1846.
1847. 1848. 1850. 1853. 1854. 1855.
1857. 1863. 1864. 1868. 1869. 1873.
1874. 1875. 1877. 1878. 1883. 1885.
1895. 1902. 1907. 1914. 1917. 1921.
1926. 1929. 1931 1932. 1933. 1934.
1935. 1940. 1945. 1954. 1958. 1960.
1963. 1965. 1971. 1972. 1977. 1980.
1984. 1986. 1991. 1997. 2000. 2004.
2011. 2017. 2024. 2027. 2034. 2035.
2041. 2042. 2044. 2049. 2053. 2056
2058. (*fade* Schub.) 2059. 2064.
2065. 2066. 2069. 2073. 2080. 2081.
2086. 2088. 2089. 2091. (*nēahor*).
2093. 2099. 2101. 2102. 2104. 2110.
2112. 2117. 2119. 2122. 2126. 2127.
2129. 2135. 2139. 2141 (*ñgend-jrēga*).
2159. 2164. 2165. 2174. 2176. 2182.
2184a. 2186. 2191. 2192. 2193. 2197.
2203. 2204. 2207. 2208 (*Nilus scēaded*). 2209. 2210. 2218. 2219.
2220. 2221. 2223. 2230. 2232. 2234.
2236. 2237 (*ñgend-jrēgan*). 2241.
2242. 2243. 2247. 2251. 2255. 2275.
2279. 2286. 2294. 2296. 2298. 2201.
2320. 2327*. 2328. 2329. 2334. 2335.
2336. 2341. 2342. 2343. 2346. 2348.
2350. 2356. 2361. 2363. 2376. 2378.
2379. 2380. 2385. 2392. 2393. 2396.
2397. 2398. 2399. 2402. 2404*. 2407.
2408. 2412. 2416. 2417. 2419. 2423.
2425. 2428. 2430. 2436. 2443. 2450.
2454. 2456. 2457. 2458. 2467. 2470.
2478. 2481. 2483. 2495. 2505. 2513.
2515. 2520. 2521. 2523. 2539. 2540.
2543. 2552. 2553. 2558. 2564. 2565.
2568. 2570. 2573. 2574. 2594. 2606
2609. 2613. 2616. 2617. 2619. 2620.
2621. 2622. 2623. 2626. 2627. 2629.
2634. 2642. 2643. 2648. 2652. 2654.
2656. 2664. 2667. 2670. 2672. 2673.
2676. 2677. 2679. 2681. 2682. 2689.
2702. 2703. 2704. 2706. 2708. 2712.

196. 199. 860. 875. 894. 961. 972. 1032. 1035. 1043. 1047 (*nēahun*). 1129. 1231. 1243. 1305. 1344. 1418. 1438. 1512. 1612. 1764. 1890. 1950. 1958. 1982. 2049. 2067. 2154. 2202. 2282. 2304. 2401. 2403. 2413. 2441. 2468. 2604. 2606. 2812.

Typus 5. Gen. 6. 25. 46*. 54. 70. 71. 93. 101. 104. 114. 117. 162. 174. 183. 966. 1073. 1075. 1177. 1280. 1289. 1309 1403. 1458. 1508. 1514. 1524 (*mōd - gepance*). 1539. 1626. 1666. 1667. 1725. 1828. 1901. 1981. 1988. 1999. 2003. 2048. 2134. 2181. 2183. 2316. 2325. 2339. 2371. 2394. 2395. 2509. 2524. 2532. 2572. 2607. 2644. 2646. 2717. 2790. (*aldr*). 2797. 2837. 2843. 2858*. 2876. 2924.

Typus 6. Gen. 31. 36. 63. 75. 84. 97. 110. 128. 132. 142 (*dīdon* S.). 149. 152. 163. 178. 181. 190. 191. 195. 198. 214. 878. 888. 902. 909. 950. 954. 962 969. 971. 980. 1003. 1013. 1026. 1027. 1031. 1062. 1068. 1133. 1153. 1157. 1174. 1182. 1229. 1240. 1245. 1299. 1370. 1372. 1381. 1394. 1422. 1453. 1460. 1488. 1520. 1528. 1558. 1565. 1574. 1575. (*ūssum* ist zu streichen). 1588. 1593. 1596. 1606. 1608. 1617. 1619. 1622. 1623. 1650. 1672. 1678. 1721. 1738. 1776. 1813. 1832. 1876. 1879. 1882. 1941 (*fācn*). 1949. 1956. 1964. 1985. 1992. 2012. 2033. 2061. 2070. 2072. 2086. 2087. 2130. 2131. 2143. 2196. 2261. 2274. 2323. 2332. 2337. 2340. 2373. 2416. 2420. 2438. 2450. 2455. 2461. 2471. 2507. 2535. 2537. 2541. 2542. 2552. 2562. 2583. 2588. 2688. 2722. 2737. 2745. 2754. 2756. 2764. 2782. 2794. 2800. 2801. 2804. 2921.

2713. 2716. 2726. 2727. 2728. 2730. 2731. 2733. 2747. 2750. 2755. 2762. 2765. 2766. 2770. 2771*. 2772 2776. 2788. 2795. 2801. 2807. 2808. 2812. 2813. 2816. 2817. 2821. 2822. 2826. 2828. 2829. 2830. 2833. 2835. 2844. 2847 (*hēahe*). 2849. 2853. 2857*. 2862. 2865*. 2866*. 2867*. 2868*. 2870. 2877 (*hēahe*). 2778. 2880 (*restad incit*). 2882. 2888. 2891. 2894. 2896. 2898 (*hēahan*). 2900. 2901. 2906. 2908. 2912. 2923. 2927. 2928. 2932.

Typus 2 Gen. 42. 50. 63. 91. 171. 185*. 209. 859. 888. 900. 948. 953. (*of-tēohan*). 959. 994. 1029. 1091. 1094. 1137. 1162. 1173. 1208. 1248. 1283. 1293 1311. 1312. 1340. 1355 1425. 1439. 1481. 1502. 1521. 1527. 1613. 1614. 1681. 1683. 1684. 1693. 1706. 1714. 1759 (*onfōhad*). 1766. 1795. 1798. 1804. 1807. 1814. 1831. 1865. 1887. 1897. 1925. 1943. 1968. 1998. 2002. 2010. 2021. 2078. 2087. 2095. 2124. 2137. 2144. 2152. 2157. 2160. 2163. 2200. 2212. 2228. 2272. 2297. 2366. 2372. 2382. 2431. 2463. 2479. 2486. 2489. 2561. 2603. 2615. 2637 2680 2684. 2697. 2701. 2811. 2918 (*onfohan*).

Typus 3. Gen. 10 (*sīde and wīde*). 18. 37. 66. 72. 118 225 (*nēahun*). 945. 978. 992. 1160. 1252. 1271. 1275. 1298. 1351. 1405 (*ēacne and wonne* Holth.). 1457. 1530 1544. 1580. 1655. 1769. 1889. 1916. 1937. 1957. 1966. 1988. 2028. 2239. 2249. 2263. 2321. 2415. 2459. 2497. 2534. 2547. 2556. 2753. 2796. 2819.

Typus 4. Gen. 20. 55. 116 (*gȳta*). 914. 1587. 1908. 1982. 2133. 2628 (*bringan tō him selfum* Holth.).

Typus 7. Gen. 144. 161. 912. 916. 1054. 1070. 1101. 1387. 1398. 1414. 1521. 1595. 1801. 2092. 2355. 2418. 2445. 2487. 2500. 2671. 2874. 2886. 2926.

Typus 8. Gen. 23. 920. 1131. 1138. 1259. 1732. 1867. 2107. 2432. 2457. 2655. 2905. 2922.

Typus 9. Gen. 65. 886. 919. 1501. 1746. 2007. 2391. 2429. 2553. 2560. 2568. 2659. 2859. 2897.

Typus 10. Gen. 939. 1087. 1702. 2210. 2806. 2931.

Typus 11. Gen. 188. 869 (*sceome* ist zu streichen). 1051. 1056. 1066. 1194. 1202. 1238. 1256. 1273. 1498. 1510. 1600. 1647. 1695. 1703. 1786. 1791. 1806. 1870. 2030. 2083. 2238. 2240. 2244. 2280. 2313. 2595. 2596. 2705. 2841.

Typus 12. Gen. 184. 884. 998. 1097. 1821.

Typus 13. Gen. 900. 1108. 1287. 1713. 1770. 1942. 2217. 2662. 2836.

Typus 14. Gen. 1225. 1261. 1415. 1662. 1905. 1937. 2098. 2100. 2103. 2212 (*stān-byrg*). 2301. 2479. 2785. 2482. 2699.

Typus 14a. Gen. 1705.

Typus 15. Gen. 106. 1011. 1147. 1208. 1340. 1412. 1722. 1953. 2501 (*lēod-byrg*). 2773.

Typus 16. Gen. 28. 29. 33. 209. 226. 229. 974. 1103. 1141. 1180. 1192. 1196. 1358. 1431. 1494. 1741. 1773. 2263. 2264. 2414 (*fācn*). 2415. 2451. 2793.

Typus 17. Gen. 89. 873. 1178. 1184. 1227. 1230. 1442. 1538. 1777. 2299.

Typus 18. Gen. 146 (*heofon-timbr*). 1189. 1700.

Typus 20. Gen. 9. 899. 1120.

Typus 5. Gen. 4. 45*. 53. 64 (*wuldr-gestealdum*). 85. 94. 130. 158. 863. 883. 971. 999. 1039. 1074. 1080. 1086. 1132. 1148. 1193. 1220. 1277. 1296. 1353. 1415. 1416. 1485. 1518. 1537. 1585. 1604. 1621. 1636. 1641. 1654. 1685. 1698. 1707. 1719. 1737. 1739. 1792. 1797. 1871. 1938 (*on-fōhan*). 1961. 2026. 2031 2068. 2146. 2147. 2167*. 2168*. 2216 2267. 2277. 2291. 2322. 2355. 2359. 2388. 2406. 2426. 2587. 2662. 2687. 2696. 2743. 2842. 2854*. 2855*. 2858*.

Typus 6. Gen. 61. 78. 113. 127. 129. 179. 189. 194. 924. 958. 989. 1006. 1082. 1098 (*wāt ic gearwe*). 1101. 1108. 1139. 1167. 1221. 1377. 1383. 1394. 1444. 1473. 1511. 1551. (*Chaam*). 1590. 1632. 1640. 1686. 1711. 1729. 1764. 1860. 1955. 1979. 2071. 2090. 2132. 2170. 2184b. 2214. 2260. 2273. 2349. 2421. 2491. 2599. 2605. 2639. 2852. 2902. 2911. 2914.

Typus 7. Gen. 109. 915. 1276. 1896. 1936. 2492. 2581. 2740.

Typus 8. Gen. 83. 123. 150. 987. 1050. 1166. 1255. 1400. 1670. 2227. 2311. 2383. 2669.

Typus 9. Gen. 869. 1153. 1313. 1376. 1635. 2061. 2293. 2323. 2546.

Typus 10. Gen. 1332. 1748. 2225. 2465.

Typus 11. Gen. 117. 173. 968. 1065. 1123. 1125. 1190. 1223. 1316 (*ȳd-hof wyrcan* Gr.). 1341. 1368. 1539. 1558. 1618. 1628. 1694. 1882. 1995. 2287. 2310. 2466. 2761 (*word-bēot hæfde* Schub.). 2889.

Typus 12. Gen. 2512 (*aldr-nere*).

Typus 14. Gen. 1163. 1318. 2614. 2779. 2825. 2834.

Typus 14a. Gen. 208. 1129. 1489. 1629 (*yrfe-stōl hēold*). 2518. 2804.

Typus 21. Gen. 228. 880. 1263.
1411. 1490. 1602. 1637. 2186. 2554.
2601 (*hwonne him fæmnan*). 2708.
2712. 2738. 2775.

Typus 22. Gen. 47. 82. 99.
102. 169. 221 (*ānne* ist zu streichen).
233. 1028. 1042. 1082. 1255. 1325.
1337. 1339. 1433. 1518. 1691. 1943.
2015. 2043. 2095. 2150. 2152. 2298.
2378. 2393. 2398. 2499. 2550. 2573.
2616. 2676. 2695. 2718. 2833. 2853.
2934 (*and ealra þūra sālda* Gr.).

Typus 23. Gen. 217. 852. 1061.
1065. 1107. 1212. 1271. 1640. 1754.
2108. 2126. 2140. 2146. 2226. 2229.
2254. 2271. 2283. 2302. 2351. 2469.
2570. 2622. 2642. 2759. 2839. 2845.
2862.

Typus 24. Gen. 1211. 1644.
2034 (*æt þāre sprāce*). 2141. 2384.
2464. 2466. 2639. 2670. 2723. 2742.
2899 (*on þāre stōwe* Gr.).

Typus 25. Gen. 1562. 1687.
1902. 1973. 2127. 2139. 2219. 2245.
2385. 2454. 2476 (*þincd*). 2744.
2796. 2885. 2893.

Typus 26. Gen. 26. 53. 858.
1159. 1173 (*wæs on his mægde*).
1213. 1272. 1279. 1328. 1369. 1429.
1457. 1543. 1568. 1571. 1649. 1673.
1716. 1787. 1856. 1883. 1944. 1979.
2028. 2102. 2116. 2199. 2228. 2278.
2397. 2412. 2458. 2474. 2512. 2521.
2663. 2691. 2749. 2823. 2890.

Typus 27. Gen. 10. 77. 154.
159. 218. 936. 964. 1037. 1058. 1296.
1343. 1345. 1359. 1409. 1444. 1469.
1500. 1567. 1652. 1663. 1668. 1686.
1730. 1892. 1904. 1912. 1939. 1940.
2153 2161. 2184^b. 2406 (*byrige*). 2436.
2462. 2477. 2503. 2526. 2594. 2620.
2678. 2710. 2881. (*hēr on þissum
wicum*). 2884.

Typus 15. Gen. 2253.
Typus 16. Gen. 1154. 1169.
1215. 1650.
Typus 20. Gen. 1417.
Typus 29. Gen. 1888. 2846.

II^a. B. (×) ×̣ (×) ×̣×̣ ×̣ × ×̣.

Typus 31. Gen. 1. 3. 6. 23. 29.
31. 34. 48 (*magon*). 49. 54. 60. 68.
70. 86. 97. 101. 104. 106. 114. 119.
124. 134. 139. 143. 144. 147. 149.
152 162. 163. 166. 178. 180. 183.
187. 190. 195. 201. 205. 207. 214.
222. 224 227. 860. 861. 873. 879.
892 (*and on trōnan mē* S.). 902. 905.
912. 917. 919. 932. 934. 937. 938.
944. 950. 969. 973. 975. 997. 998.
1000. 1007. 1013. 1020. 1026.
1032. 1034. 1043. 1045. 1075. 1077.
1087. 1104. 1107. 1109. 1111 (*mē
ēce sunu*). 1113 1136. 1144. 1146.
1147. 1150. 1175. 1197. (*āhōf ealdor-
dōm*). 1198. 1202. 1205. 1235. 1244.
1245. 1254. 1257. 1261. 1278. 1280.
1281. 1294. 1295. 1303. 1304. 1314.
1319. 1324. 1330. 1334. 1346. 1356.
1372. 1389. 1396. 1398. 1399. 1401
(*hēahan*). 1403. 1404. 1418. 1424.
1426. 1428. 1429. 1433. 1442. 1452.
1456. 1460. 1465. 1467. 1468. 1471.
1476. 1488. 1495. 1508. 1510 1514.
1517. 1524. 1535. 1536. 1538. 1541.
1553. 1562. 1564. 1572. 1574. 1578.
1581. 1586. 1592. 1593. 1606. 1608.
1625. 1627. 1638 (*wide* S.). 1646.
1651. 1663. 1666. 1678. 1690. 1697.
1699. 1700. 1701. 1710. 1717. 1722.
1723. 1726. 1727. 1730. 1738. 1749.
1752. 1755. 1770. 1782. 1786. 1796.
1800. 1806. 1812. 1821 (*hēahe*). 1828.
1829. 1832. 1836. 1837. 1841. 1859.
1884. 1893. 1900. 1903. 1910. 1911.
1915. 1922. 1924. 1927. 1928. 1941.

Typus 28. Gen. 176. 1158.
1217. 1349. 1449. 1466. 2193. 2344.
2517. 2728. 2821.

IIa. B. $(\times) \; \grave{\times} \, (\times) \, \underline{\times\times} \, \grave{\times} \, (\times) \; \acute{\times}.$

Typus 31. Gen. 16. 22. 24. 35.
39. 98. 123. 130. 140. 167. 170. 179.
186. 194. 202. |207. 211. 213. 853.
854. 864. 872. 882. 887. 903. 906.
918. 933. 941. 948. 955. 977. 986.
1002. 1010. 1022 (*him þū ādre
Cain*). 1040. 1083. 1084. 1090. 1102.
1118. 1122. 1128. 1135. 1137. 1140.
1143. 1149. 1161. 1165. 1166. 1167.
1179. 1186. 1188. 1190. 1195. 1200.
1251. 1260. 1285 (*wæs Nōē gōd*).
1320. 1327. 1330. 1333. 1354. 1357.
1377. 1382. 1388. 1392. 1393. 1400.
1402. 1407. 1435. 1440. 1455. 1456.
1462. 1464. 1472. 1481. 1483. 1485.
1489 (*hēahan*). 1493. 1499. 1515
(*ond holmes hlæst* S.). 1516. 1526.
1531. 1537. 1545. 1546. 1554. 1557.
1563. 1569. 1572. 1577. 1580. 1591.
1613. 1615. 1664. 1675. 1681. 1684.
1696. 1697. 1719. 1724. 1735. 1742.
1744. 1774. 1783. 1795. 1830. 1844.
1848. 1857. 1864. 1865. 1877. 1885.
1895· 1907. 1918. 1922. 1935. 1957.
1971. 2013. 2016. 2019. 2031. 2032.
2039. 2065. 2119. 2129. 2132. 2176.
2185. 2197. 2208 (*swū mid niddas
twā*). 2209 (*wendel-sū* Thorpe). 2223.
2232. 2247. 2269. 2286. 2300. 2321.
2338. 2353. 2370. 2382. 2392. 2396.
2399. 2405*. 2428. 2435. 2439 (*þā tō
jōtum feoll* Gr.). 2440. 2456 (*hēahan*).
2481. 2504. 2511. 2520. 2523. 2538.
2546. 2549. 2558. 2576. 2589. 2598
(*hīe dūdon swū*). 2599. 2600. 2608.
2613 (*hire ūgen bearn*). 2623. 2626.
2627. 2628 (*hēht beornes wīf* Holth.).
2631. 2634. 2643. 2652. 2661. 2672.

1952. 1962. 1964. 1975. 1976. 1983.
1996. 2005. 2014. 2016. 2023. 2033.
2040. 2045. 2057 (*cword þæt sē hālga
him*). 2070. 2075. 2079 (*stide*). 2083.
2097. 2100. 2103. 2108. 2111. 2118.
2125. 2128. 2140. 2148 (*ac þū selfa
mūst*). 2154. 2177. 2181. 2183. 2187.
2190. 2198. 2199. 2202. 2224 2244.
2248. 2250 2256. 2257. 2266. 2268.
2270. 2274. 2280. 2282 2284. 2289.
2292. 2300. 2303 2306. 2307. 2308.
2313. 2314. 2315. 2330 (*onjōhau*).
2357. 2360. 2362 (*gēna*). 2365. 2371.
2377. 2381. 2387. 2391. 2400. 2420.
2424. 2429. 2432. 2437. 2439 (*on
foldan Loth* Gr.). 2440. 2441. 2445.
2448. 2451. 2455. 2461. 2468. 2474.
2484. 2485. 2496. 2498. 2501. 2508.
2509. 2522. 2529. 2531. 2535. 2538.
2541. 2551. 2554. 2566. 2571. 2572.
2576. 2577. 2595. 2597. 2600. 2604.
2610. 2612 (*þæt sēo gingre ides* Schub.
Holth.). 2624. 2631. 2633. 2636.
2638. 2645. 2647. 2655. 2658. 2660.
2666. 2688. 2695. 2699. 2700. 2705.
2707. 2709. 2711. 2720. 2723. 2724.
2732 (*ne ceara duguda inc* S.).
2734. 2735. 2738. 2744. 2751. 2754.
2758 2767. 2774. 2775. 2780. 2782.
2786. 2789 (*þonne oj līce þū*). 2805.
2810. 2814. 2815. 2818. 2824. 2832.
2848. 2850. 2851. 2856. 2861. 2864.
2874. 2876. 2884. 2893. 2899. 2907.
2913. 2915. 2916. 2919. 2920. 2921.
2930. 2933.

Typus 32. Gen. 56. 93. 107.
125. 148. 161. 177. 199. 219. 865.
881. 1017*. 1056 (*siddan furdum
ongon* Gr.). 1078. 1115. 1131. 1143.
1170. 1236. 1238. 1309. 1409. 1421.
1498. 1567. 1588. 1589. 1861. 1890·
1898. 1904. 2019. 2046. 2149. 2162.
2189 (*and hūdre gerim* Schub.). 2240.

2677. 2682. 2692. 2693 (baldr). 2700.
2702. 2704. 2707. 2713. 2725. 2733.
2741. 2788. 2789. 2792. 2807. 2819.
2820. 2844. 2851. 2869. 2870. 2878.
2879. 2911. 2917.

Typus 32. Gen. 112. 182. 862.
885. 897. 922. 945. 1036. 1085. 1093.
1297. 1335. 1356. 1374 (gehwām S.).
1450. 1471. 1497 1555. 1576. 1677.
1767. 1779. 1818 (sē was drihtne
gecoren; vgl. Dan. 150. 737). 1960.
2045. 2060. 2099 (sē was eorlum
bedroren). 2109. 2170. 2294. 2345.
2386. 2540. 2574. 2579. 2898. 2914.
2929.

Typus 33. Gen. 883. 965. 2256.

Typus 34. Gen. 49. 111. 135.
1114. 1127. 1130. 1142. 1210. 1228.
1307. 1363. 1420. 1447. 1544. 1553
(eal folc geludon). 1920. 1927. 1959
(aldr-gedāl). 1987. 2111. 2121. 2235.
2242. 2380. 2755. 2774. 2777.

Typus 35. Gen. 78. 103. 105.
867. 876. 923. 1298. 1506. 2174.
2251. 2657. 2684. 2889.

Typus 36. Gen. 1029. 1401.
2811.

Typus 37. Gen. 1126. 1162.
1183. 1193. 1224. 1232 (and fyf-
hund ēac). 1318. 1601 (and fiftig
ēac). 1819. 2024. 2042.

Typus 38. Gen. 30.

II^b. D². (×)×̆× | ×̆×(×)× | ×̆

Typus 41. Gen. 40. 1404. 1417.
1559. 1609. 1618. 1711. 1800. 1991.
2155. 2341. 2666. 2888.

Typus 42. Gen. 896. 908. 1748.
1931. 1968. 2296. 2311. 2875. 2908.

Typus 43. Gen. 915. 1005.
1034. 1050. 1191. 1383. 1896. 1994.
2122. 2434. 2531.

Typus 44. Gen. 139.

2295. 2305. 2317. 2337. 2368. 2390.
2482. 2582. 2588. 2665. 2668 (sē
was egesan geþrēad). 2802. 2845.
2859. 2887. 2897. 2904. 2909. 2910.
2925.

Typus 33. Gen 155. 212. 874.
886. 1565. 1819. 2156. 2312. 2646.
2650. 2675.

Typus 34. Gen. 28. 58. 62. 108.
110. 202. 974. 984. 1030. 1049. 1051.
1068. 1071 (aldr-gedāl). 1110. 1117.
1141. 1164. 1178. 1186. 1192. 1194.
1212. 1216. 1227. 1360. 1362. 1369.
1388. 1391. 1446 (eft him sēo wēn
geleah). 1478. 1479. 1494. 1516. 1566.
1601. 1622. 1623 (gescēod). 1626.
1695. 1703. 1742. 1750. 1771. 1793.
1808. 1866. 1879. 1906. 1919. 1930.
2008. 2262. 2265. 2309. 2324 (tūcn).
2374. 2394. 2447. 2460. 2544. 2560.
2562. 2567. 2575. 2579. 2591. 2641.
2653 2717. 2718. 2722. 2739. 2745.
2748. 2760. 2777. 2800. 2843. 2869.
2892. 2903. 2924 2926. 2929.

Typus 35. Gen. 12. 21. 138.
901 916. 1012. 1482. 1994. 2037.
2180. 2245. 2389. 2473. 2569. 2698.
2746 (þēos S.). 2823. 2934.

Typus 36. Gen. 2480.

Typus 37. Gen. 84. 895. 963.
1053. 1308 (ond þrēo-hund long S.).
1490. 1849 (him driht-licu mūrg).
1856. 2020. 2072. 2175. 2285. 2302.
2585. 2781.

Typus 38. Gen. 2798.

IV^b. D². (×)×̆× ×̆×̆×(×) | ×̆

Typus 41. Gen. 76. 79. 157.
993. 1084. 1119. 1230. 1386. 2304.
2517. 2527.

Typus 42. Gen. 121. 136. 1224.
1379. 1381. 2794.

Typus 45. Gen. 976.

Typus 45ª. Gen. 1281. 2249.
Typus 46. Gen. 2771.
Typus 47. Gen. 1421. 1611.
2887.
Typus 48. Gen. 1405. 2056.
2561.
Typus 49. Gen. 1038. 1715.
1778. 1817. 1891. 2750. 2769 (wuldr-torht).

III. E. (×) | ×́× × × (×) | ×́
Typus 51. Gen. 180. 1163.
1218. 1413. 1476 (earjōda hōt : vgl.
Gen. 180). 1733. 1805. 1814. 1946.
1951. 2163. 2172. 2273. 2336. 2354
(Sarrai). 2357. 2690.
Typus 52. Gen. 890. 956. 1081.
2230. 2407. 2556. 2557 (swōgende
lēg Schub.). 2669. 2719. 2932.
Typus 53. Gen. 1278. 1654.
1698. 1737. 1858. 2002. 2091. 2093.
2145. 2443. 2619. 2656.
Typus 54. Gen. 968. 1708.
Typus 55. Gen. 27 (wuldr-
fmstan). 37. 68. 87 (wuldr-spēdum).
95. 124. 204. 216. 868 (lij-frēga).
928. 946. 949. 975. 996. 1007. 1009.
1039. 1052. 1252. 1308. 1334. 1378.
1475. 1561. 1582. 1614. 1627. 1630.
1638. 1743. 1757. 1769. 1803. 1823.
1855. 1887. 1897. 1977. 1990. 1996.
2017. 2047 (mōd - rōfe men Gr.).
2053. 2090. 2104. 2112. 2158. 2160.
2191 (wuldr - jœstne). 2194. 2255.
2329. 2348. 2387 (hleahtr). 2402.
2470. 2475. 2491. 2584. 2593. 2597.
2612. 2615. 2618. 2685. 2694. 2740.
2810. 2895. 2919.
Typus 56. Gen. 66. 120. 1045.
1053. 1139. 1220. 1321. 1364. 1473.
1484. 1923. 2073. 2408.
Typus 57. Gen. 1727.
Typus 58. Gen. 1071.

Typus 46. Gen. 46*. 184. 1419.
1528. 2085. 2548.
Typus 47. Gen. 1189. 2067.
2299. 2438.
Typus 49. Gen. 983. 1073.
1412. 1437. 1529. 1634. 1735. 1747.
2094. 2281. 2752.
Typus 50. Gen. 980. 2931.

III. E. (×) | ×́× × × (×) | ×́
Typus 51. Gen. 1668. 2012.
2022. 2096. 2259. 2283. 2410*. 2516
2533. 2763. 2778.
Typus 52. Gen. 89. 182. 191.
918. 981. 1285. 1447. 1497. 1660.
1662. 1676. 1762. 1852. 2062. 2120.
2542. 2596. 2661. 2838.
Typus 53. Gen. 1066 (Mala-
lчhel wœs). 1161. 1970. 2131. 2169*.
2663. 2721.
Typus 54. Gen. 2226.
Typus 55. Gen. 9. 44*. 132.
226. 884. 887. 961. 985. 1011. 1016*.
1092. 1168. 1176. 1183. 1307. 1331.
1385. 1397. 1422. 1509. 1595. 1637.
1801. 1802. 1810. 1862. 1939. 1947.
1959. 1992. 2138. 2173*. 2213. 2345.
2405*. 2409*. 2464. 2549. 2550.
2578. 2693. 2756. 2757.
Typus 56. Gen. 1021. 1343.
1363. 1360. 1486. 1633. 1704. 1744.
2015. 2051. 2238. 2261. 2333. 2449.
Typus 57. Gen. 232.
Typus 58. Gen 2462.
Typus 59. Gen. 1523*. 2715.

IVa. C. (×) × (×) | ×́× × × |
Typus 61. Gen. 35. 176. 1365.
1504 (Nōœ). 1702. 1736 Carrāan).
1758. 1772. 1775. 1858. 1876 (Beth-
lēhem). 1967. 2018. 2029. 2036. 2077.
2106. 2151. 2206. 2340 (Sarrāi).
2401. 2649. 2714 (Sarrāi). 2742.

Tyyns 59· Gen. 42. 2063. 2211. 2248. 2709. 2830. 2863.

Typus 60. Gen. 131. 1796.

IV$_a$. C. (×) ⋎ (×) | ⋍× ⋎ ⋎ |

Typns 61. Gen. 92. 115. 126. 141. 168. 192. 206. 855. 901. 925. 1006. 1067 (æfter Jūrēde). 1069. 1095. 1104. 1156. 1249. 1253. 1390. 1436. 1505. 1540. 1581. 1598. 1604. 1712. 1720. 1745. 1785 (to Abra-hame). 1829. 1854 (Sarrāan). 1873. 1880. 1921. 1932. 1963 (Sennūar). 2071. 2125. 2136. 2164. 2200. 2214. (Sarrāan). 2215. 2233. 2236. 2241 (Sarrāan). 2265 (Sarrāan). 2297. 2310. 2324. 2356. 2361. 2388 (Sar-rāan). 2493. 2637. 2654. 2673. 2686. 2721. 2727 (Sarrāan). 2743. 2752. 2760. 2767. 2778. 2787. 2795. 2831. 2877. 2902.

Typns 62. Gen. 125. 153. 227. 927. 997. 1023. 1055. 1063. 1134. 1214. 1241. 1324. 1338 (ūderra). 1437. 1452. 1461. 1670. 1694 (ūderre). 1768. 1824. 1842. 1874. 1884. 1997. 2021. 2066. 2078. 2110. 2207. 2275. 2349. 2379. 2442. 2444. 2480. 2528. 2534 2559. 2739. 2779. 2882.

Typns 63. Gen. 203. 1237. 1288. 1633. 1706. 1707. 1826. 1853. 2636. 2834. 2847.

Typus 64. Gen. 13. 64 (widr-brecan). 91. 96. 859. 910. 957. 970. 973. 1020. 1046. 1099. 1148. 1204. 1219. 1221. 1266. 1355. 1361. 1386. 1434. 1446 (on wæg-þele). 1496. 1530. 1585. 1632. 1657. 1781. 1798. 1799. 1810. 1811. 1846. 1861. 1869. 1872. 1917. 1933. 1998. 2000. 2089. 2159. 2216. 2288 (ond widr-breca).

2783. 2784. 2787. 2790. 2799. 2922.

Typns 62. Gen. 890. 1088. 1234. 1423. 1582. 1616. 1761. 1791. 1817. 1820. 1845. 1901. 2082. 2143. 2331. 2433. 2590. 2803. 2841. 2863.

Typns 63. Gen. 1059. 1647. 1909 (Feresīta). 2608.

Typns 64. Gen. 24. 36. 43. 73. 99. 103 (heolstr-sceado). 165. (wuldr-cyning). 172. 215. 231. 878. 898. 939. 1033 (aldr-banan). 1062. 1165. 1335. 1348. 1526. 1540. 1661. 1672. 1756. 1760. 1833. 1834. 1942. 1953. 1973. 2003. 2039. 2048. 2050. 2060. 2114. 2123. 2150. 2153. 2155. 2201. 2217. 2290 (wæpn - þrœce). 2332. 2339. 2358. 2477. 2503. 2514. 2519 (aldr-nere.. 2537. 2691. 2729.

Tygns 65. Gen. 16 (līf-frēgan). 32. 200. 897. 910. 931. 933. 982. 1114. 1247. 1273. 1352. 1361. 1552. 1579. 1653. 1658. 1665. 1673. 1682. 1689. 1692. 1708. 1733. 1778. 1787. 1813 (broh-þrāwu S.). 1816. 1870. 1894. 1993. 2025. 2030. 2052. 2055. 2116. 2158. 2222. 2233. 2246. 2252. 2487. 2507 · cwealm-þrāwu S.). 2524. 2640 (symbl-wērig). 2659. 2683. 2685. 2686. 2749. 2872. 2879.

Typus 66. Gen. 22. 51. 899. 940. 1185. 1515. 1620. 1667. 1912. 1948. 2121. 2235. 2625.

Typus 67. Gen. 14. 25. 69. 120. 128. 133. 135 (timbr). 160. 198. 203. 230. 233. 856. 871. 876. 877. 885 (tācn). 908. 909. 930. 935. 949. 954. 955. 966 (swā him bebēad me-tod Gr.; vgl. Gen. 2768. 2871). 979. 995. 1038. 1041. 1099. 1106. 1126. 1171. 1203. 1207. 1209 (aldr). 1232. 1239. 1250. 1256. 1258. 1260. 1300. 1310. 1325. 1329. 1358. 1414.

6 *

S.). 2322. 2426. 2467. 2515. 2530.
2543. 2575. 2603. 2635. 2680 2703.
2828. 2829. 2842. 2894.

Typus 65. Gen. 90. 151. 205.
871. 952. 958. 987. 991. 1004. 1057.
1132 1151. 1155. 1169. 1277. 1283.
1284. 1292. 1376. 1482 (on þel-
jirstne). 1534. 1556. 1597. 1631. 1659.
1699. 1704. 1751. 1753. 1759 (eord-
būend). 1765. 1808 (līj-jrēgan). 1809.
1852 jolc-jrēgan). 1938. 1954. 1967.
2011. 2055 (þæt hīe tir-līce Gr.).
2068. 2084. 2094. 2204. 2220. 2237.
2239. 2243. 2259. 2260. 2287. 2291.
2295. 2314. 2318. 2358. 2381. 2473.
2478. 2529. 2533. 2563. 2564. 2566.
2614. 2629. 2679. 2687. 2706. 2720.
(weorc-þēowas S.). 2729. 2770. 2817.
2822. 2825. 2826.

Typus 66. Gen. 8. 85. 127. 145.
201. 881. 960. 1016*. 1024. 1110.
1115. 1312. 1316. 1507. 1560. 1590.
1624. 1641. 1669. 1714. 1717. 1736.
1762. 1804. 1839. 1984. 1986. 2059.
2117. 2162. 2178. 2189 (scēawa heo-
jon-hyrste Schub.). 2328. 2359. 2369.
2377. 2580. 2621. 2716. 2731. 2747.
2765. 2849. 2891.

Typus 67. Gen. 1. 11. 57. 100.
158. 891. 924. 935. 994. 1146. 1187.
1222. 1248. 1267 (slahan). 1291.
1331. 1341. 1439. 1445. 1451. 1513.
1661. 1929 (lārdde eall þider Gr.).
2018. 2044. 2064. 2096. 2192. 2272.
2279. 2342 (world). 2343. 2363
(world). 2449. 2460. 2508. 2513.
2648. 2726. 2808. 2809. 2901. 2933.

Typus 68. Gen. 877. 892 (trēos
S.). 947. 1270. 1310. 1468. 1607.
1755. 1863. 2135. 2234 (gangan).
2590. 2776. 2783 (jrēga). 2803.

Typus 69. Gen. 43. 59. 61.
156*. 865. 898. 999. 1001. 1074.

1432. 1438. 1443. 1459. 1474. 1475
(jrōjr). 1503. 1505. 1571. 1583. 1603.
1642. 1644. 1680 (bēacn). 1713. 1773.
1790. 1803. 1809. 1840. 1851. 1892.
1905. 1913. 1923. 1944. 1969. 1981.
1989. 1999. 2013. 2047. 2054. 2145.
2171. 2188. 2194. 2196. 2211. 2231.
2264. 2319. 2347. 2367. 2370. 2375.
2413. 2414 (þæt sceal jord wrecan
Gr.). 2418. 2435. 2442. 2476. 2494.
2502 (ealdr). 2506 (slahan). 2526
(sprycest). 2532. 2586. 2592. 2607.
2632. 2635. 2644. 2657 (mæg self
wid god sprecan Gr.). 2671. 2719.
2725. 2737. 2768. 2769. (þæs þe on
world hine Gr.). 2773. 2785. 2791.
2792. 2793. 2806. 2871. 2875. 2890.

Typus 68. Gen. 7. 57. 74. 82.
102. 204. 870 (gangan). 875. 911
(jrōged). 928 943. 1014. 1024. 1047.
1103 (scīoe). 1116. 1155. 1206 (dōaþ).
1222. 1265. 1282. 1299. 1302. 1345.
1458. 1493. 1721. 1781. 1789 (dōan).
1822 (jrēga). 1827. 1880. 1918
(dōan). 1949. 1951. 2038. 2043.
2092. 2098. 2105. 2109. 2115. 2130.
2134. 2179. 2229. 2258 (frēoged).
2369. 2373. 2411 (dōan). 2422. 2471.
2500. 2510. 2559. 2602. 2674. 2692.
2736. 2820. 2836. 2860. 2873. 2895.

Typus 69. Gen. 5. 19. 41. 71.
77. 88. 96. 100. 156*. 159. 174.
181. 188. 220. 229. 857. 920. 923.
942. 964. 965. 988. 1008. 1031.
1055. 1063. 1121. 1127. 1134. 1151.
1158. 1184. 1187. 1210. 1233. 1246.
1262. 1263. 1274. 1279. 1289. 1306.
1336. 1347. 1370. 1373. 1410. 1454.
1464. 1480. 1487. 1491. 1501. 1506.
1542. 1573. 1584. 1594. 1596. 1630.
1664. 1688. 1728. 1741. 1746. 1777.
1784. 1838. 1843. 1867. 1872. 1946.
1978. 1987. 2001. 2032 (ū-hreded).

1300. 1306. 1332. 1352. 1465. 1470
(*trēos* S.). 1477. 1479. 1525. 1573.
1579 (*forstolen ferhde*). 1586. 1599.
1610. 1825. 1850 (*on wlite mōdgum*)·
1881. 1925. 2022. 2052. 2077. 2114.
2180. 2218. 2231. 2284. 2383. 2498.
2592. 2664. 2667 (*gesprecan sīne*
S.). 2696 (*mīnes fæder ēdle* Holth.).
2697. 2780 (*on hige hālig*).

IV^b. D^1. (×) $\underset{\times}{\prime}$× | $\underset{\times}{\prime}$× × × |

Typus 71. Gen. 134. 863. 866.
985. 1236. 1258. 1380. 1423 (*Nōees*).
1860. 1903. 1909. 1914. 2221. 2317.
2390. 2422. 2591. 2630. 2835. 2840.
2868*.
Typus 72. Gen. 234. 1064.
1086. 1160. 1226. 1368. 1425. 1441.
1551 (*Nōees*). 1589. 1739. 1928.
2203. 2411. 2417. 2463. 2674. 2758.
2816. 2846. 2916.
Typus 73. Gen. 979. 1784.
1820. 2892. 2928.
Typus 74. Gen. 133. 1000.
1060. 1079. 1089. 1100. 1145. 1311.
1347. 1395. 1419. 1432. 1636. 1653.
1685. 1835. 1955. 1965. 2041. 2305.
2433. 2617. 2649. 2701. 2753. 2815.
2838. 2883.
Typus 75. Gen. 88. 874. 1866.
2106. 2227. 2335.
Typus 76. Gen. 1634. 1868.
2609.
Typus 77. Gen. 55. 917. 1072.
1154. 1201. 2658. 2736. 2813.
2873.
Typus 78. Gen. 1906. 2079.
2123. 2494.
Typus 79. Gen. 2 (*wuldr-cyning*).
50. 175. 200. 222. 893. 926. 1025.
1199. 1246. 1269. 1410. 1566. 1605.
1680. 1792. 1878. 1889. 1898. 1961.
2057. 2076. 2088. 2157. 2165. 2421.

2076. 2107. 2113. 2195. 2205. 2316.
2325. 2338. 2344. 2353. 2364. 2395.
2469. 2472. 2490. 2493. 2504. 2528.
2563. 2580. 2583. 2584. 2611. 2618.
2630. 2651. 2764. 2797. 2827. 2837.
2840. 2883. 2885. 2905. 2935.

IV$_b$. D^1. (×) $\underset{\times}{\prime}$× | $\underset{\times}{\prime}$× × × |

Typus 71. Gen. 75. 131. 154.
872. 882. 896. 921. 1005. 1009. 1022.
1128. 1181. 1243. 1323 (*Nōees*). 1556.
1577. 1602. 1679. 1734. 1780. 1844.
1891. 1920. 2009. 2136. 2161. 2166*.
2172. 2185. 2254. 2271. 2278. 2352.
2384. 2386. 2434. 2444. 2475. 2511.
2525. 2593. 2690.
Typus 72. Gen. 52. 1081. 1096.
1240 (*Nōees*). 1264. 1286. 1321. 1408.
1413. 1431. 1543. 1570. 1612. 1724.
1731. 1881. 1886. 2178. 2403. 2427.
2453. 2678. 2741. 2809 (*mago Ebrēa*
Gr.). 2831.
Typus 74. Gen. 81. 111 (*wuldr-cyninges*). 221. 926. 962. 1028. 1048.
1058. 1384 (*wuldr-cyninges*). 1393.
1453. 1691. 1754. 1815. 1974. 2074.
2326*. 2488. 2499.
Typus 75. Gen. 211. 1315. 1407.
2917.
Typus 80. Gen. 852. 1290. 1359.
2351. 2354 (*ford - gangan*). 2446.
2710. 2759.
Typus 81. Gen. 1268. 1779.
1950. 1985. 2063. 2288. 2452. 2545.
(*hēah-þrāwu* S.).
Typus 83. Gen. 1715.
Typus 86. Gen. 122. 1375.
2006. 2555. 2557. 2881.
Typus 87. Gen. 2530. 2886.
Typus 89. Gen. 192. 1182.
1199 (*dǣd-rōf horle* Gr.). 1320. 1382.
1406. 1436. 1763. 1899. 1990. 2007.
2269. 2318. 2589. 2839.

Typus 80. Gen. 5. 113. 116. 118. 150. 173. 232. 904. 937. 943. 1111. 1215. 1254. 1342. 1427. 1519. 1529. 1564 (*symbl - werig*). 1692. 1827. 1831. 1840. 1934. 2005. 2050. 2250. 2292. 2459. 2510. 2547. 2565. 2577. 2689. 2730. 2861. 2871.

Typus 81. Gen. 193. 210. 929. 978. 989. 992. 1274. 1302. 1679. 1847. 1947. 2128. 2182. 2431. 2486. 2698. 2734. 2923.

Typus 82. Gen. 15. 109. 197. 1275. 1293. 1301. 1326. 1517. 1643. 1648. 1871. 1908. 1983. 2105. 2166. 2525. 2539. 2586. 2896.

Typus 83. Gen. 879.

Typus 84. Gen. 1550. 1709.

Typus 85. Gen. 79. 220. 1317. 2035. 2367. 2483. 2497. 2668. 2852. 2918.

Typus 86. Gen. 2205. 2333.

Typus 88. Gen. 907. 1674. 1797. 1966.

Typus 89. Gen. 67. 107. 856. 1021. 1044. 1078. 1098. 1106. 1152. 1181. 1262. 1350. 1351. 1384. 1502. 1527. 1549. 1639. 1683. 1701 (*samworht samod*). 1740. 1760. 1766. 1816. 1911. 1970. 2026. 2069. 2097. 2330. 2376. 2423. 2446. 2653. 2748. 2900. 2912 (*wuldr-gāst*). 2927.

Tppus 90. Gen. 1303. 1416 (*rodor-torht ryne* Gr.). 1728.

Reste.

Gen. 1125 (fehlt). 1209 (*on genimed*). 1645 (*þūra ān wæs*). 2120 (*him þā sē beorn*). 2179 (*ne sealdest þū mē sunu*). 2225 (*drihten mīn*). 2320 (*ymb seojon niht*). 2602 (*brȳde*).

Typus 90. Gen. 1042. 1100. 1743 (*sehan*). 2084 (*sehan*).

Reste.

Gen. 168 (fehlt). 1546 (fehlt). 1956 (*þe him æfter ā*). 2142 (*nis woruld-feoh þe ic mē āgan wille*). 2215 (*ǣnig ne weard*). 2276 (*hunger odde wulf*). 2536 (*oð þæt hē gelǣdde*). 2598 (*druncnum*). 2601 (fehlt). 2694 (*lāre gebearh*).

Gen. 1547 (*Percoba, Olla, Ollira, Ollirani*) scheint Prosazusatz eines Schreibers zu sein; Gen. 1548 ist von Gr. ergänzt, von W. fortgelassen; Gen. 2184 ist von W. in zwei Verse zerlegt worden. Die Gesamtzahl der Verse der Gen. A beträgt demnach 2318 — 2 + 1 = 2317.

Wir geben nunmehr die Verteilung der Verse der
Genesis A auf die sechs Grundformen und daneben zur
Vergleichung auch die entsprechenden Zahlen für den Beo-
wulf und den Daniel, um festzustellen, ob letzterer, wie
Ziegler (Der poetische Sprachgebrauch in den sog. Caed-
monschen Dichtungen. Münster 1883) annimmt, denselben
Verfasser hat wie Genesis A oder nicht.

Typus	Genesis A		Genesis A %/oo		Beowulf 1—1000.		Daniel %/oo	
A	1149	986	496	425	489	353	515	391
B	318	574	138	248	113	220	122	231
D²	50	41	22	18	26	56	38	5
E	135	99	58	43	48	58	56	32
C	401	473	173	204	188	205	160	265
D¹	256	134	110	58	133	104	100	75
Reste	8	10	3	4	3	4	9	1
Summa	2317	2317	1000	1000	1000	1000	1000	1000

Nach vorstehender Tabelle sind die A-verse in der
ersten Halbzeile der Genesis A nur wenig, in der zweiten
aber bedeutend stärker vertreten als im Beowulf; auch die
B-verse sind in beiden Halbzeilen der Genesis A verhältnis-
mässig zahlreicher. Die D²-verse kommen in der ersten
Vershälfte fast ebenso oft vor wie im Beowulf; in der zweiten
treten sie aber weit mehr zurück; ihre Zahl beträgt dort
kaum den dritten Teil der entsprechenden Verse des Beo-
wulfliedes. Die E-verse sind in der ersten Halbzeile etwas
häufiger, in der zweiten umgekehrt etwas seltener als im
Beowulf. Bei den C-versen finden wir in der Genesis A
ungefähr dasselbe Verhältnis wie im Beowulf; nur sind sie
in der ersten Halbzeile ein wenig seltener. Die D¹-verse
endlich treten in der Genesis A in beiden Halbzeilen stark
zurück, ganz besonders in der zweiten, wo sie ungefähr
halb so oft vorkommen als im Beowulf.

Das Ueberwiegen der A- und B-verse in beiden Halb-
zeilen, das seltenere Vorkommen der D²- und E-verse in
der zweiten, der D¹-verse in beiden Halbzeilen hat die

Genesis A zwar mit dem Daniel gemeinsam; im einzelnen aber zeigen die für beide Gedichte sich ergebenden Zahlen doch merkliche Unterschiede. Besonders weicht die Genesis A vom Daniel auch in der Verwendung der Grundform C ab. Während dieselbe in der Genesis A in der zweiten Halbzeile in genau demselben Verhältnis auftritt wie im Beowulf, ist sie im Daniel dort ganz erheblich bevorzugt. Neben manchen Uebereinstimmungen in der metrischen Praxis der Genesis A und des Daniel sehen wir daher schon hier eine auffallende Verschiedenheit, die uns an der Identität der Verfasser beider Gedichte zweifeln lässt.

Auch in dem Verhältnis der ersten zur zweiten Halbzeile innerhalb jeder einzelnen Grundform zeigt die Genesis A, wie nachstehende Tabelle ergiebt, manche Abweichung, nicht blos vom Beowulf, sondern auch vom Daniel:

	Genesis A I II	Beowulf I II	Daniel I II
A	100: 86	100: 72	100: 76
B	100: 181	100: 195	100: 189
D²	100: 82	100: 215	100: 14
E	100: 73	100: 121	100: 56
C	100: 118	100: 109	100: 166
D¹	100: 52	100: 78	100: 75

Noch deutlicher treten aber die Eigenheiten in dem Versbau der Genesis A in der Verwendung der Unterarten hervor, wie die folgenden Tabellen veranschaulichen:

Grundform I. A. 1—30.

Typus	Genesis A		Genesis A ⁰/₀₀		Beowulf 1—1000		Daniel ⁰/₀₀	
1.	371	638	160	275	120	188	129	225
2.	70	93	30	40	45	53	26	60
3.	105	43	45	19	41	18	42	17
4.	42	9	18	4	12	3	16	1
5.	62	71	27	31	19	55	21	45
6.	133	54	57	23	41	13	37	14
7.	23	8	10	3	17	5	3	4
8.	13	13	6	6	2	1	7	3
9.	14	9	6	4	5	3	10	4
10.	6	4	3	2	6	—	1	—

11.	31	23	13	10	27	8	17	13
12.	5	1	2	—	15	—	10	—
13.	9	—	4	—	2	—	5	1
14.	16	12	7	5	12	—	1	1
15.	10	1	4	—	8	—	7	—
16.	23	4	10	2	16	3	8	1
17.	10	—	4	—	5	—	—	—
18.	3	—	1	—	5	2	—	—
19.	—	—	—	—	5	—	—	—
20.	3	1	1	—	4	—	—	—
21.	14	—	6	—	2	—	7	—
22.	37	—	16	—	14	—	29	—
23.	28	—	12	—	4	—	14	—
24.	12	—	5	—	1	—	9	—
25.	15	—	6	—	8	—	20	—
26.	40	—	17	—	25	—	34	—
27.	43	—	19	—	21	—	47	—
28.	11	—	5	—	5	—	8	—
29.	—	2	—	1	1	1	5	1
30.	—	—	—	—	1	—	1	—
Summa	1149	986	496	425	489	353	515	391

Unter den normalen A-versen ist der auch sonst ge-
bräuchlichste Typus 1 *(lange hwīle)* in der Genesis A in
beiden Halbzeilen ganz auffallend bevorzugt. Er steht in
der ersten Halbzeile um $\frac{1}{3}$, in der zweiten um die Hälfte
öfter als im Beowulf, während er im Daniel nur in der
zweiten Vershälfte etwas zahlreicher begegnet. Im Exodus
ist dieser Typus zwar in der zweiten Halbzeile ebenso häufig
wie in der Genesis A, aber dafür tritt er dort in der ersten
Vershälfte dem Beowulf gegenüber etwas zurück. Demnächst
ist in der Genesis A Typus 6 *(geong in geardum)* im Ver-
gleich zum Beowulf und Daniel gleichfalls in beiden Halb-
zeilen auffallend bevorzugt. Eine leise Steigerung zeigen
auch die Typen 4 *(swgdest from his sīde)* und 5 *(land ge-
sāwon)* in der ersten, Typus 8 *(sōd is gecȳded)* in beiden
Halbzeilen. Dagegen sind die Typen 2 *(folcum gefrēge)*
und 7 *(wēox under wolcnum)* in beiden, Typus 5 in der
zweiten Halbzeile seltener verwendet als im Beowulf, was
zum Teil mit dem Gebrauch des Daniel übereinstimmt, nur
dass dort Typus 2 in der zweiten Vershälfte sogar öfter
vertreten ist als im Beowulfliede.

Die Gesamtzahl der A²-verse (Typus 11—20) ist in
der ersten Halbzeile der Genesis A (46) um mehr als die
Hälfte kleiner als im Beowulf (99). also etwa ebenso gross
wie im Daniel (48). Die Verteilung auf die einzelnen
Unterarten ist aber in der Genesis A und im Daniel etwas
verschieden. Besonders bemerkenswert ist das seltenere
Vorkommen des Typus 12 *(folc-stede frætwan)* in der Ge-
nesis A, des Typus 14 *(Grendles gūd-cræft)* im Daniel.
In der zweiten Vershälfte sind die Abweichungen zwischen
Genesis A, Beowulf und Daniel geringfügiger Art.

Die Gesamtzahl der A³-verse (Typus 21—28) in der
Genesis A (86) ist von der des Beowulf (80) nur wenig
verschieden. Auch in der Verwendung der Unterarten
verdient nur das etwas stärkere Auftreten der Typen 23
(ēow hēt secgan) und 24 *(ic hine cūde)* und das etwas
seltenere Vorkommen von Typus 26 *(þā wæs on burgum)*
Erwähnung. Um so grösser aber sind bei dieser Versart
die Abweichungen zwischen Genesis A und Daniel. Letz-
teres Gedicht hat fast die doppelte Zahl von A³-versen (168).
ein Umstand, der gegen die Annahme gleicher Verfasser-
schaft schwer ins Gewicht fällt.

Grundform IIᵃ. B (31—40).

Typus	Genesis A		Genesis A ⁰/₀₀		Beowulf 1—1000		Daniel ⁰/₀₀	
31.	222	386	96	167	77	134	75	147
32.	38	57	16	25	15	27	25	30
33.	3	11	1	5	3	10	3	4
34.	27	85	12	37	5	26	12	37
35.	13	18	6	8	5	10	4	8
36.	3	1	1	—	3	2	3	1
37.	11	15	5	6	4	8	1	3
38.	1	1	—	—	1	—	—	—
39.	—	—	—	—	—	2	—	1
40.	—	—	—	—	—	1	—	—
Summa	318	574	138	248	113	220	122	231

Die stärkere Verwendung der B-verse in beiden Halb-
zeilen kommt in der Genesis A ganz besonders bei der

gewöhnlichsten Unterart derselben, dem Typus 31 *(him on bearme leg)* zum Ausdruck. zum Teil auch bei Typus 34 *(him þā Scyld gewāt)*, während die übrigen Versarten nicht viel häufiger, manche sogar seltener anzutreffen sind als im Beowulf. Im Daniel ist Typus 34 zwar auch in beiden, Typus 31 aber nur in der zweiten Halbzeile häufiger vertreten als im Beowulf. Ausserdem ist dort Typus 32 namentlich in der ersten Vershälfte verstärkt, während derselbe in der Genesis A ungefähr in demselben Verhältnis wie im Beowulf begegnet.

Grundform IIb. D^2 (41—50).

Typus	Genesis A		Genesis A $^0/_{00}$		Beowulf 1—1000		Daniel $^0/_{00}$	
41.	13	11	6	5	5	11	8	—
42.	9	6	4	3	5	12	4	—
43.	11	—	5	—	5	—	13	—
44.	1	—	—	—	1	3	4	1
45.	2	1	1	—	2	1	3	—
46.	1	6 ,	—	3	1	11	3	—
47.	3	4	1	2	1	5	—	—
48.	3	—	1	—	1	—	1	—
49.	7	11	3	5	2	11	3	1
50.	—	2	--	1	3	2	—	3
Summa	50	41	22	18	26	56	38	5

Von den D^2-versen sind in der zweiten Halbzeile die im Beowulf besonders beliebten Typen 41 *(blǣd wīde sprang)*, 42 *(flota stille bād)*, 46 *(fyrst forð gewāt)*, 47 *(werod eall ārās)* und 49 *(word-hord onlēac)* in der Genesis A weit seltener gebraucht, freilich immer noch öfter als im Daniel, der in der zweiten Vershälfte D^2-verse nur ganz vereinzelt aufweist. In der ersten Halbzeile ist eine wesentliche Verschiedenheit dem Beowulf gegenüber nicht zu bemerken, während im Daniel dort namentlich Typus 43 *(grētte Gēata lēod)* erheblich verstärkt erscheint.

Wie im Daniel treten die E-verse in der Genesis A in der ersten Halbzeile etwas zahlreicher als im Beowulf auf, in der zweiten aber sind sie seltener. Bevorzugt erscheinen die Typen 51—53, bei denen der erste dreihebige Takt durch ein einfaches Wort ausgefüllt ist, in der ersten Halbzeile auch Typus 55 (*weord-myndum þāh*). In der zweiten Halbzeile aber ist dieser Typus und auch der folgende,

Grundform III. E (51—60).

Typus	Genesis A		Genesis A ⁰/₀₀		Beowulf 1--1000		Daniel °/₀₀	
51.	17	11	7	5	1	—	13	1
52.	10	19	4	8	5	4	7	5
53.	12	7	5	3	2	1	12	9
54.	2	1	1	—	—	3	—	—
55.	70	43	30	19	23	31	9	12
56.	13	14	6	6	7	10	10	—
57.	1	1	—	—	2	—	1	1
58.	1	1	—	—	—	1	—	—
59.	7	2	3	1	5	3	4	3
60.	2	—	—	—	3	5	—	—
Summa	135	99	58	43	48	58	56	32

Typus 56 (*wlite-beorhtne wang*), erheblich seltener verwendet als im Beowulf. Im Daniel kommt Typus 55 auch in der ersten Halbzeile viel seltener vor.

Grundform IVᵃ. C (61—70).

Typus	Genesis A		Genesis A °/₀₀		Beowulf 1—1000		Daniel °/₀₀	
C¹ 61.	70	30	30	13	6	2	33	16
62.	41	20	18	9	15	3	18	13
63.	11	4	5	2	2	—	13	7
C² 64.	59	52	25	22	50	23	12	33
65.	75	52	32	22	54	18	28	24
66.	44	13	19	6	26	9	5	22
C³ 67.	43	127	19	55	25	61	17	54
68.	15	64	6	28	3	45	16	46
69.	43	111	19	48	6	41	18	50
70.	—	—	—	—	1	3	—	1
Summa	401	473	173	204	188	205	160	265

Die Gesamtzahl der C-verse der Gen. A ist in der ersten Halbzeile nur wenig kleiner als im Beowulf und in der zweiten haben beide Gedichte ungefähr dieselbe Verhältnis-

zahl. Im einzelnen aber zeigen sich doch manche Ver-
schiedenheiten. So sind die Typen 61—63 (= C¹), des-
gleichen auch Typus 69 *(on færder bearme)* in beiden Halb-
zeilen der Gen. A häufiger verwendet als im Beowulf; dafür
aber sind die Typen 64—66 (= C²) in der ersten, die Typen
66. 67 und besonders 68 in der zweiten Halbzeile seltener
gebraucht. Der Daniel zeigt ebenfalls in beiden Halbzeilen
eine erhebliche Verstärkung der Typen 61—63 und 69.
in der ersten eine seltenere Verwendung der Typen 64
bis 67. In der zweiten Halbzeile sind aber dort auch die
Typen 64—66 (= C²) viel häufiger. so dass die Gesamtzahl
der C-verse eine weit grössere ist als im Beowulf und in
der Genesis A.

Grundform IVᵇ. D¹ (71—90).

Typus	Genesis A		Genesis A $^0/_{00}$		Beowulf 1—1000		Daniel $^0/_{00}$	
71.	21	42	9	18	2	24	3	20
72.	21	25	9	11	—	11	3	14
73.	5	—	2	—	10	—	5	—
74.	28	19	12	8	15	19	5	16
75.	6	4	3	2	8	14	—	—
76.	3	—	1	—	2	—	5	—
77.	9	—	4	—	12	—	1	—
78.	4	—	2	—	5	4	5	3
79.	26	—	11	—	18	—	20	—
80.	·56	8	16	3	8	10	1	3
81.	18	8	8	3	14	9	7	4
82.	19	—	8	—	6	—	16	—
83.	1	1	—	—	4	2	4	—
84.	2	—	1	—	—	1	—	—
85.	10	—	4	—	10	—	5	—
86.	2	6	1	3	3	2	1	—
87.	—	2	—	1	1	2	1	1
88.	4	—	2	—	2	1	1	—
89.	38	15	16	6	8	2	12	13
90.	3	4	1	2	5	3	4	1
Summa	256	134	110	58	133	104	100	75

Von den D¹-versen kommen in der Gen. A in der ersten
Halbzeile die Typen 71 *(stīg wīsode)*, 72 *(gode pancōde)*,
80 *(fēond man-cynnes)*, 82 *(sīde sǣ-næssas)* und 89 *(gūd-
rinc monig)* häufiger vor als im Beowulf. alle andern aber

sind viel seltener, so dass die Gesamtzahl der Verse dieser
Grundform noch hinter der des Beowulf zurückbleibt. In
der zweiten Halbzeile sind die D¹-verse in der Gen. A etwa
halb so oft verwendet als im Beowulf. Nur Typus 89 ist
dort etwas öfter gebraucht, Typus 72 ebenso oft. alle
andern aber viel seltener. Namentlich bei Typus 74
(sǣ-līdende), 75 (sele-rǣdende), 80 (frēond mancynnes), 81
(fromum feoh-giftum) ist der Unterschied besonders bemerk-
bar. Auch im Daniel sind die D¹-verse etwas seltener als
im Beowulf; im einzelnen ist aber die Verteilung auf die
Unterarten von der der Gen. A. wie aus der Tabelle er-
sichtlich, stark verschieden.

Alliteration.

Die im Daniel beobachtete Eigentümlichkeit. dass der
Hauptstab auf einem Possessivpronomen ruht, während das
folgende Substantiv an der Alliteration nicht teilnimmt.
finden wir zwar auch in der Gen. A wieder, aber im Ver-
gleich zu dem weit grösseren Umfange dieses Gedichtes
doch nur ganz selten. nämlich Gen. 1259 mīnra frēonda;
1917 þīne mōde; 2126 mīnra lēoda; 2129 ūssum folce; 2826
ūre drihten; es überwiegt die normale Stellung, z. B. Gen.
1624 mǣgde sīne, 1869 þegnum sīnum, 1929 æhte sīne,
2193 menigo þīnre, 2204 folde þīne, 2255 wordum sīnum,
2816 wordum mīnum. Als sonstige Abweichungen von den
gewöhnlichen Regeln des Stabreims wäre zu erwähnen der
D²-vers Gen. 2296 godes ǣrend-gāst (Typus 42) mit Alli-
teration auf der ersten und vierten Hebung. ferner die
zweiten Halbverse Gen. 128 scēop þū bām naman (Typus 67)
und Gen. 1837 swā þū mīnum scealt (Typus 31). von denen
der erste dem ganzen Versbaue nach als C-vers, der zweite
als B-vers aufzufassen ist. obwohl der Hauptstab nicht wie
sonst auf der stärker betonten zweiten, sondern ausnahms-
weise auf der schwächer betonten ersten Hebung ruht.

Die Doppelalliteration ist in der Gen. A bedeutend
seltener verwendet als in jedem andern der bisher be-

trachteten Gedichte: es haben von 2317 Versen nur 815,
also etwa 35 %, zwei Reimstäbe. Die Verteilung der Doppel
alliteration auf die sechs verschiedenen Versrhythmen ge-
staltet sich folgendermassen:

	A	B	D²	E	C	D¹	Reste	Sa.
Doppel-All.:	504	62	36	51	36	125	1	815
Einf. All.:	645	256	14	84	365	131	7	1502

Als Träger des Stabreims werden in der Gen. A die
einzelnen Laute folgendermassen gebraucht:

	Vocale	b	c	d	f	g	h	l	m
Genesis A	453	114	54	80	270	105	159	130	137
Gen. A %₀₀	195	49	23	35	117	45	69	56	59
Beowulf	158	62	15	29	101	88	117	47	80
Dan. %₀₀	168	75	30	46	63	68	112	37	71

	n	r	s	sc	sp	st	t	þ	w
Genesis A	47	68	224	20	7	27	45	50	327
Gen. A %₀₀	20	29	97	9	3	12	19	22	141
Beowulf	17	15	111	14	1	4	5	25	110
Dan. %₀₀	18	30	97	3	1	5	10	21	145

Die erste Stelle nimmt also wiederum vocalische Alli-
teration (195) ein, die weit häufiger ist als im Beowulf (158)
oder Daniel (168), freilich noch nicht so häufig wie im
Satan (227). Auch w (141) ist weit öfter gebraucht, als
im Beowulf (110), ungefähr ebenso oft wie im Daniel (145).
An dritter Stelle folgt f (117), das gerade umgekehrt im
Daniel stark zurücktritt (63). Auch l steht in der Gen. A
(56) öfter, im Daniel (37) aber seltener als im Beowulf
(47). Umgekehrt ist h in der Gen. A (69) bedeutend
seltener als im Beowulf (117) und Daniel (112); desgl.
b, g, m.

Verfasserfrage.

Dass die Gen. A nicht von demselben Verfasser her-
rühren kann, wie Exodus und Satan dürfte aus den in den
früheren Abschnitten hervorgehobenen metrischen Besonder-

heiten dieser Gedichte, an denen die Gen. A nicht teilnimmt,
ausreichend klar geworden sein. Aber auch die oben (p. 87)
erwähnte Ansicht von Ziegler, dass Daniel und Gen. A mög-
licherweise ein und denselben Verfasser haben, ist durch
die nähere Untersuchung der Metrik beider Gedichte nicht
bestätigt worden. Wenn auch des öfteren Gen. A und Daniel
in metrischen Dingen sich nach derselben Richtung hin von
der Praxis des Beowulfliedes entfernen, so sind doch der
Verschiedenheiten zwischen beiden Gedichten noch so viele,
dass wir trotzdem für Gen. A und Daniel zwei verschiedene
Verfasser anzunehmen gezwungen sind.

Die Ansicht Eberts, dass vielleicht die beiden durch
die Interpolation getrennten Teile der Gen. A. V. 1—234
und 852—2935, von zwei verschiedenen Verfassern her-
rühren, ist bereits von Heinze (Zur ae. Genesis. Berlin 1889)
zurückgewiesen worden. Auch die Vergleichung der metri-
schen Eigentümlichkeiten beider Teile ergiebt nichts, was
für Verschiedenheit der Verfasser sprechen könnte.

Ob endlich Zieglers Vermutung (l. c. p. 174), dass der
Genesisdichter die Geschichte Abrahams bereits poetisch
bearbeitet vorfand und in sein eignes Gedicht verwob, richtig
ist, lässt sich weder aus sprachlichen noch aus metrischen
Gründen sicher entscheiden, da wir kein Mittel in der Hand
haben, genau zu bestimmen, welche Verse dem älteren
Original, welche der Ueberarbeitung angehören. Wir müssen
also daran festhalten, dass die Genesis A (1—234;
852—2935) im wesentlichen das Werk eines Dichters ist,
der aber keine der andern Caedmonschen Dichtungen ge-
schrieben hat.

Genesis B.

Die Verse der Genesis B lassen sich, wie folgt, den 90 Unterarten der Alliterationsverse zuweisen:

Erste Halbzeile.

I. A. (×) x́x̀x́(×) x́x̀x̀

Typus 1. Gen. 235*. 244. 252*. 254*. 256*. 259*. 260*. 261*. 268. 283*. 286. 291*. 295*. 299*. 300*. 303*. 306*. 319. 325*. 340. 342*. 345. 346. 370*. 383. 384. 391*. 393*. 394*. 397*. 400*. 401*. 402*. 407*. 408*. 411. 422. 425. 439*. 446. 486* (lytle hwīle sceolde hē his | līfes niotan). 488*. (on fȳrc sceolde | fēondum þēowian). 489*. 500. 511. 514. 515. 517. 525. 530. 536. 545*. 553. 567. 572. 576*. 587. 597. 627. 633. 634. 638. 641. 644. 663. 673. 681. 686. 695. 696. 701. 710. 726. 750. 754. 758*. 760*. 761*. 773. 774. 779. 780. 786. 802. 811*. 822. 825. 834*.

Typus 2. Gen. 238. 248. 258*. 276. 280. 284*. 296*. 301*. 374. 380. 410. 429. 441 (lāre forlēton Gr.). 444*. 458. 498. 505. 506. 507*. 531. 546*. 549. 563. 595. 714 (tācen od-īewde Gr.). 727. 731 (his lāre forlētom S.). 753. 759*. 762*. 765. 769. 772. 782. 785. 790. 794. 835. 837. 842. 848.

Typus 3. Gen. 250. 255* (wūstem). 257*. 274. 279 (habban). 282. 308*. 309. 339. 349. 404*. 418. 419. 424. 427. 428. 436. 465. 473. 496. 504. 520 (wūstem). 521. 534. 535. 538. 539. 542. 551. 559. 571. 612. 650. 676. 677. 682. 688. 729. 735.

Zweite Halbzeile.

I. A. (×) x́x̀x́(×) x́x̀x̀

Typus 1. Gen. 240. 245. 246. 247. 251. 253*. 255*. 256*. 257*. 258*. 260*. 261*. 267. 269. 270. 277. 282*. 287*. 291*. 296*. 300* (hēahan). 303*. 317. 319. 323. 325*. 337. 338*. 342*. 344. 345*. 348. 351. 352. 369. 371. 373. 386. 397*. 401*. 403*. 406*. 407*. 408*. 409. 410*. 415. 417. 423. 430*. 449. 450. 455. 460. 469. 482. 484. 487* (sēcan þonne landa sweartost). 488*. 489*. 495. 501. 502. 506. 512. 540. 544*. 545* (hēahan). 548. 550. 560. 577. 580. 586. 593. 596. 608. 623. 626. 631. 639. 642. 649*. 651. 652. 658. 669. 690. 700. 704. 707. 709. 711. 715. 719. 742. 744. 747. 760* (nēahor). 761*. 763*. 775. 781. 796. 801. 810. 821. 828. 829. 851.

Typus 2. Gen. 252*. 254*. 275. 284*. 285*. 298. 299*. 321*. 378. 383. 387. 391*. 392*. 394*. 399. 400*. 402*. 404*. 431*. 437. 461. 463. 475. 524. 543*. 583. 613* (getrēowdest). 645. 661. 697 (onfōhan). 706* (getrēowde). 759*. 769. 791. 808. 845.

Typus 3. Gen. 268. 324. 330. 359. 361. 389*. 412. 432. 440. 471. 480. 517. 546*. 578. 678. 843*. 846. 850.

Typus 4. Gen. 382. 510. 659. 673. 806.

742. 751. 766. 777. 793. 803. 810. 820.

Typus 4. Gen. 236 (*wüstem*). 239. 289. 294. 302* 318. 323. 360. 362. 373. 379. 385. 434. 438. 452. 482. 508. 550. 588. 592. 607. 614. 678. 692. 713. 717. 787. 800. 807. 817. 830. 846.

Typus 5. Gen. 253*. 271. 287*. 327. 381. 392*. 403*. 420. 431*. 591. 668. 770. 814.

Typus 6. Gen. 242. 326. 350. 375. 389*. 443. 445. 448. 462. 466. 470. 478. 529. 533. 600. 605. 613. 616. 630. 656. 724. 795. 839.

Typus 7. Gen. 377. 564. 619.

Typus 8. Gen. 581.

Typus 9. Gen. 237. 322*. 354. 367. 416. 442. 519. 598. 680.

Typus 10. Gen. 240. 263. 368. 406. 481. 579. 647. 679. 734.

Typus 11. Gen. 355. 767. 788.

Typus 14. Gen. 324. 328. 480. 655. 776. 815.

Typus 15. Gen. 547. 589. 718.

Typus 16. Gen. 266. 468 (*lîd* Gr.). 721.

Typus 17. Gen. 343.

Typus 21. Gen. 371. 387.

Typus 22. Gen. 313. 315. 330. 475 (*habban him tô wâron*). 477. 653. 712.

Typus 23. Gen. 827.

Typus 24. Gen. 461. 516.

Typus 25. Gen. 363. 453. 699.

Typus 26. Gen. 278. 298. 344. 352. 454. 493. 495. 608. 626. 635. 702. 704. 801. 805.

Typus 27. Gen. 304. 335. 361. 409. 433. 435. 483. 540. 541. 561. 562. 565. 603. 620. 669. 797. 816. 824. 849.

Typus 5. Gen. 273. 286*. 292. 295*. 301*. 302*. 334. 366. 393*. 395*. 396*. 451. 534. 541. 561. 568. 573. 632. 691. 693. 738. 739. 756. 758*. 798. 833*.

Typus 6. Gen. 265. 289*. 306*. 405*. 467. 474 (*hêr on worulde*). 528. 603. 640. 745.

Typus 8. Gen. 259*. 318. 376. 379. 672. 728. 767. 783.

Typus 9. Gen. 353. 354. 655. 724.

Typus 10. Gen. 575.

Typus 11. Gen. 290. 313. 356. 824.

Typus 13. Gen. 838. 847.

Typus 14. Gen. 335. 465. 831.

Typus 15. Gen. 496. 840.

Typus 29. Gen. 459.

Typus 30. Gen. 765.

II^a. B. $(\times) \, \overset{.}{\times} \, (\times) \; \underline{\times\times} \, \overset{.}{\times} \, (\times) \; \overset{.}{\times}.$

Typus 31. Gen. 235*. 236. 238. 242. 248 (*getrêowde* S.). 272. 278. 288*. 304. 305. 310. 312 (*hell*). 320. 329. 332. 333. 339. 355. 364. 367. 372. 398. 420. 421. 427. 429. 433. 434. 436. 438. 443. 445. 453. 458. 462. 468. 472. 478. 481. 490. 492. 503. 504. 515. 516. 519. 520. 522. 525. 527. 529 (*hell*). 530. 531. 532. 549. 551. 553. 554. 555. 558. 559. 566. 567. 570. 572. 581. 588. 590. 594. 598. 602. 609. 616. 617. 618. 622. 625. 636. 643 (*wüstem*). 644 *lûde trêow* Ettm.). 650. 654. 662. 664. 670. 675. 684. 685. 686. 687. 701. 718. 723. 725. 726. 732. 734. 736. 737. 755*. 764. 771. 785. 787. 790. 792 (*hell*). 793. 795. 799. 803. 804. 805. 809. 813. 814. 815. 816. 818. 819. 826. 835. 836. 841.

Typus 28. Gen. 467.
Typus 29. Gen. 740.

ll^a. B. $(×) ×̆ (×) \mid ×̆×̆ ×̆ (×) \mid ×́$

Typus 31. Gen. 245. 249. 270.
297. 305. 311. 331. 333. 336. 348.
356 357. 365. 369. 386. 395*. 412.
414. 421. 437. 464. 471. 476 (*hēa-
han*). 491*. 492* (*ymbūtan þone
dēades bēom*). 499 509. 528. 552.
554. 569. 570. 586. 593. 596. 599.
601. 623. 632. 636. 640. 645. 646.
654. 658. 664. 684. 685. 689. 690·
691. 697. 708*. 711. 719. 720. 728.
733. 736 (*hēahan*). 738. 743. 745.
748. 752. 757. 768. 775. 791. 792.
796. 808. 819. 821. 823. 840. 851.
Typus 32. Gen. 251. 262. 293.
314. 405*. 484. 532. 631 674. 675.
764.

Typus 33. Gen. 399. 583. 651.
Typus 34 Gen. 317. 494. 611.
624. 628. 639. 844.

Typus 35. Gen. 269. 275. 449.
662. 707 (*þē þæt wīf tō him*). 838.
Typus 37. Gen. 578. 661.

ll^b. D². $(×) ×̰× \mid ×̰× ×̆ (×) \mid ×́$

Typus 41. Gen. 316 479. 771.
Typus 42. Gen. 582. 657.
Typus 43. Gen. 372. 490. 687.
831.

Typus 44. Gen. 584.
Typus 45. Gen. 725.
Typus 45^a. Gen. 590.
Typus 47. Gen. 455. 809.
Typus 48. Gen. 497. 649.
Typus 49. Gen. 264. 580. 615.
755.

Typus 50. Gen. 833.

Typus 32. Gen. 297. 308. 358.
365. 368. 377. 388. 411. 444. 466
(*wǣstem*). 470. 483. 569. 587. 589.
592. 600 601. 605. 607. 619. 641.
646. 653. 657. 677. 681. 705. 714.
716. 717. 720. 721. 727. 746. 749.
757. 774. 820. 842.

Typus 33. Gen. 279. 381. 425
(*þæt mē is on mīnum mōde swā sār*).
533. 542 564. 579. 611. 621. 708.
733. 743. 784. 802. 817. 832. 837.

Typus 34. Gen. 241. 250. 327.
350. 360. 424. 526. 535. 536. 539.
547. 591. 612. 637. 666. 668. 696.
710. 766. 772. 797. 800. 812.

Typus 35. Gen. 283*. 309.
416. 491 (*and wand him þū*). 498.
500. 507*. 518. 538. 584. 597. 634.
667. 688. 731. 753. 825.

Typus 36. Gen. 316. 375.

Typus 37. Gen. 294. 562. 574
(*swā wit bū-tū him*). 663.

Typus 38. Gen. 751.
Typus 39. Gen. 497.

ll^b. D². $(×) ×̰× \mid ×̰× ×̆ (×) \mid ×́$

Typus 41. Gen. 341.
Typus 45. Gen. 271.

III. E. $(×) \mid ×̰× ×̰ ×̆ (×) \mid ×́$

Typus 52. Gen. 315. 347. 477.
Typus 55. Gen. 281. 311. 448.
599. 638. 789. 844.

Typus 56. Gen. 293. 633. 752.
768.

Typus 60. Gen. 362.

IV^a. C. $(×) ×̆ (×) \mid ×̰× ×̰ ×̆ \mid$

Typus 61. Gen. 513. 563.
Typus 62. Gen. 557. 848.
Typus 64. Gen. 326. 380. 552.
694. 730 (*nū hīe word-cwyde*).

III. E. (×) | ⟨́⟩⟨×⟩ (×) | ×̣

Typus 52. Gen. 524. 722. 730.
Typus 55 Gen. 378. 523. 544*.
594. 643. 693. 778. 789.
Typus 56. Gen. 338*. 527.
Typus 57. Gen. 602.
Typus 59. Gen. 456. 783.
Typus 60. Gen. 642. 694.

IVᵃ. C. (×) ×̣ (×) | ×̣× ×̣ ×̣ |

Typus 61. Gen. 310. 398. 568.
606. 715. 756. 850.
Typus 62. Gen. 243. 281. 364.
450. 512 (hēistan S.). 555. 577. 622.
629. 660. 665. 672. 683. 703. 798.
828.
Typus 64. Gen. 247. 320. 341.
417 (fedr-homan). 430*. 447*. 501.
502. 574. 610. 621*. 670 (fedr-
haman). 744. 781. 784. 813. 829.
836. 845.
Typus 65. Gen. 246. 273. 290.
292. 359*. 366. 440. 451. 469. 518.
548. 585. 652. 700. 705. 804.
Typus 66 Gen. 288*. 332.
337. 351. 382. 388. 423. 609. 739.
Typus 67. Gen. 415. 543*.
575. 667. 698. 806 (cynned). 832.
Typus 68. Gen. 265. 460. 472.
556. 566. 741. 747. 847.
Typus 69. Gen. 267. 277. 413.
426. 503. 510. 526. 558. 618. 706.
716. 746. 812. 818. 826.
Typus 70. Gen. 604.

IVᵇ. D¹. (×) ×̣× | ×̣× ×̣ ×̣ |

Typus 71. Gen. 329. 353. 537*.
Typus 72. Gen. 617. 709.
Typus 73. Gen. 347. 522.
Typus 74. Gen. 457. 560.
Typus 75. Gen. 659. 666. 763.
799. 843.

Typus 65. Gen. 328. 363. 419.
454. 665. 729. 773.
Typus 66. Gen. 263. 331. 426.
521. 523. 660. 699. 741. 748. 776.
778. 794.
Typus 67. Gen. 244. 280. 336.
374. 384. 390. 428. 435. 441 (and
wurdon lād gode Gr.). 446. 452.
456. 479. 485. 493. 499. 508. 509.
511. 514. 556. 571. 576. 604. 614.
630. 635. 647. 671. 682. 692. 750.
754. 762. 822. 830.
Typus 68. Gen. 239. 249 (ful-
gān Gr.). 276. 346. 357. 413. 418.
464 (on cēosan). 473. 537. 629. 735
(būen). 740. 779. 786. 839.
Typus 69. Gen. 243. 264. 266.
274. 322. 340. 343. 349. 385. 414.
422. 447. 457. 476. 565. 582. 595.
606. 610. 615. 620. 624. 627. 648.
656. 674. 676. 679*. 680. 683. 689.
695. 698. 713 (þe hēo þām were
swelce). 722. 777. 780. 782. 788.
811. 823. 834.

IVᵇ. D¹. (×) ×̣× | ×̣× ×̣ ×̣ |

Typus 71. Gen. 770. 827.
Typus 72. Gen. 585.
Typus 75. Gen. 237. 439*.
494. 505. 628. 712.
Typus 78. Gen. 442.
Typus 80. Gen. 314. 849.
Typus 86. Gen. 807.
Typus 89. Gen. 702.
Typus 90. Gen. 262.

Reste.

Gen. 370 (þonne ic mid þys
wcrode). 703 (fehlt).

Gen. 307 (þurh swā longe swā
þrēo niht and dagas) ist als Prosa-
zusatz eines Schreibers auszu-
scheiden; Gen. 486/487 sind zu

Typus 76. Gen. 841.

Typus 77. Gen. 432. 463.

Typus 79. Gen. 376. 485. 557. 625*. 671.

Typus 80. Gen. 396 *.

Typus 81. Gen. 459.513.573.723.

Typus 82. Gen. 285. 390. 637.

Typus 84. Gen. 648.

Typus 85. Gen. 272. 312. 321 (*hēhde heofon-rīces*).358.474.732.749.

Typus 88. Gen. 334.

Typus 89. Gen. 241. 737.

einem Schwellverse zusammenzuziehen. Die Gesamtzahl der Verse der Genesis B beträgt demnach $617 - 2 = 615$.

Danach erhalten wir für die Häufigkeit der Verwendung der sechs Grundformen in der Gen. B folgende Tabelle, in der ich zur Vergleichung die entsprechenden Zahlen des Beowulf und der Gen. A beigefügt habe:

Typus	Genesis B 235—851		Genesis B 0/oo		Beowulf 1—1000.		Genesis A 0/oo	
A	332	231	540	376	489	353	496	425
B	105	228	171	370	113	220	138	248
D²	21	2	34	3	26	56	22	18
E	18	15	29	25	48	58	58	43
C	98	122	159	198	188	205	173	204
D¹	41	15	67	25	133	104	110	58
Reste	—	2	—	3	3	4	3	4

Es sind also in der Gen. B die A- und B-verse in beiden Halbzeilen, namentlich die B-verse in der zweiten Halbzeile stark bevorzugt. Alle andern Versarten, besonders in hohem Grade die Grundformen D² und D¹ in der zweiten Halbzeile treten infolgedessen stark zurück.

Dementsprechend gestaltet sich das Verhältnis der ersten zur zweiten Halbzeile in der Gen. B folgendermassen:

	Genesis B I II	Beowulf I II	Genesis A I II
A	100 : 70	100 : 72	100 : 86
B	100 : 215	100 : 195	100 : 181
D²	100 : 10	100 : 215	100 : 82
E	100 : 83	100 : 121	100 : 73
C	100 : 124	100 : 109	100 : 118
D¹	100 : 37	100 : 78	100 : 52

Innerhalb der einzelnen Grundformen kommen für die Gen. B nachstehende Verschiedenheiten in Betracht:

Grundform I. A. 1—30.

Typus	Genesis B		Genesis B ⁰/₀₀		Beowulf 1—1000		Genesis A ⁰/₀₀	
1.	88	110	143	179	120	188	160	275
2.	41	36	67	59	45	53	30	40
3.	47	18	76	29	41	18	45	19
4.	32	5	52	8	12	3	18	4
5.	13	26	21	42	19	55	27	31
6.	23	10	37	16	41	13	57	23
7.	3	—	5	—	17	5	10	3
8.	1	8	2	13	2	1	6	6
9.	9	4	15	7	5	3	6	4
10.	9	1	15	2	6	—	3	2
11.	3	4	5	7	27	8	13	10
12.	—	—	—	—	15	—	2	—
13.	—	2	—	3	2	—	4	—
14.	6	3	10	5	12	—	7	5
15.	3	2	5	3	8	—	4	—
16.	3	—	5	—	16	3	10	2
17.	1	—	2	—	5	—	4	—
18.	—	—	—	—	5	2	1	—
19.	—	—	—	—	5	—	—	—
20.	—	—	—	—	4	—	1	—
21.	2	—	3	—	2	—	6	—
22.	7	—	11	—	14	—	16	—
23.	1	—	2	—	4	—	12	—
24.	2	—	3	—	1	—	5	—
25.	3	—	5	—	8	—	6	—
26.	14	—	23	—	25	—	17	—
27.	19	—	31	—	21	—	19	—
28.	1	—	2	—	5	—	5	—
29.	1	1	2	2	1	1	—	1
30.	—	1	—	2	1	—	—	—
Summa	332	231	540	376	489	353	496	425

Die einfachste Unterart der A-verse, Typus 1 *(lange hwīle)*, steht in der Gen. B in der zweiten Halbzeile fast ebenso oft, in der ersten noch häufiger als im Beowulf: doch ist dabei zu berücksichtigen, dass darunter auch ein erheblicher Procentsatz von Schwellversen sich befindet. Weiterhin erscheinen von den A¹-versen besonders die Typen

2 *(folcum gefrēge)*, 3 *(folce tō frōfre)* und 4 *(sægdest from his sīde)*, ferner 8 *(sōd is gecȳded)*, 9 *(flota wæs on ȳdum)* und 10 *(sorh is mē tō secgan)* dem Beowulf gegenüber bevorzugt, während die kürzeren Versformen, Typus 5 *(land gesāwon)*, 6 *(geong in geardum)* und 7 *(wēox under wolcnum)* etwas zurücktreten.

Von den A²-versen ist in der ersten Halbzeile der Gen. B nur Typus 14 *(Grendles gūd-cræft)* in ungefähr demselben Verhältnis wie im Beowulf gebraucht, alle andern Unterarten treten stark zurück, einige, darunter Typus 12 *(folc-stede frætwan)*, fehlen ganz. Die Gesamtzahl der A²-verse erreicht in der ersten Halbzeile der Gen. B kaum ⅓ der entsprechenden Verse des Beowulf. In der zweiten Vershälfte sind die A²-verse umgekehrt in der Gen. B ein wenig zahlreicher als im Beowulf.

Die Gesamtzahl der A³-verse ist in der Gen. B und im Beowulf gleich gross; auch in der Verwendung der Unterarten zeigen sich nur geringe Verschiedenheiten. Am bemerkenswertesten ist eine etwas stärkere Verwendung des Typus 27 *(nū gē mōton gangan)*.

Grundform II^a. B (31—40).

Typus	Genesis B		Genesis B $^o/_{oo}$		Beowulf 1—1000		Genesis A $^o/_{oo}$	
31.	76	123	123	200	77	134	96	167
32.	11	40	18	65	15	27	16	25
33.	3	17	5	28	3	10	1	5
34.	7	23	11	37	5	26	12	37
35.	6	17	10	28	5	10	6	8
36.	—	2	—	3	3	2	1	—
37.	2	4	3	7	4	8	5	6
38.	—	1	—	2	1	—	—	—
39.	—	1	—	2	—	2	—	—
40.	—	—	—	—	—	1	—	—
Summa	105	228	171	370	113	220	138	248

Die starke Bevorzugung der Grundform B in beiden Halbzeilen betrifft in erster Reihe den Typus 31 *(him on bearme læg);* aber auch die folgenden Typen 32—35 sind in der Gen. B weit häufiger gebraucht als im Beowulf oder in anderen Gedichten.

Grundform II^b. D² (41—50).

Typus	Genesis B		Genesis B ⁰/₀₀		Beowulf 1—1000		Genesis A ⁰/₀₀	
41.	3	1	5	2	5	11	6	5
42.	2	—	3	—	5	12	4	3
43.	4	—	7	—	5	—	5	—
44.	1	—	2	—	1	3	—	—
45.	2	1	3	2	2	1	1	—
46.	—	—	—	—	1	11	—	3
47.	2	—	3	—	1	5	1	2
48.	2	—	3	—	1	—	1	—
49.	4	—	7	—	2	11	3	5
50.	1	—	2	—	3	2	--	1
Summa	21	2	34	3	26	56	22	18

Bei den D²-versen ist zu erwähnen. dass in der zweiten Halbzeile überhaupt nur ein Beispiel für Typus 41 (*blǣd wīde sprang*) und eins für Typus 45 (*atol ȳða geswing*) begegnet, so dass hier die Verschiedenheit vom Beowulf besonders in die Augen fällt. In der ersten Vershälfte ist ein Unterschied weniger zu merken. Etwas öfter als im Beowulf steht hier der Typus 49 (*word-hord onlēac*).

Grundform III. E (51—60).

Typus	Genesis B		Genesis B ⁰/₀₀		Beowulf 1--1000		Genesis A ⁰/₀₀	
51.	—	—	—	—	1	—	7	5
52.	3	3	5	5	5	4	4	8
53.	—	—	—	—	2	1	5	3
54.	—	—	--	—	—	3	1	—
55.	8	7	13	11	23	31	30	19
56.	2	4	3	7	7	10	6	6
57.	1	—	2	—	2	—	—	—
58.	—	—	—	—	—	1	—	—
59.	2	—	3	—	5	3	3	1
60.	2	1	3	3	3	5	—	—
Summa	18	15	29	25	48	58	58	43

Die seltenere Verwendung der E-verse in beiden Halb-
zeilen betrifft namentlich die sonst gebräuchlichsten Typen 55
(*weord-myndum þāh*) und 56 (*wlite-beorhtne wang*), die im
Vergleich zum Beowulf und anderen Gedichten in der Gen. B
sehr zurücktreten.

Grundform IV^a. C (61—70).

Typus	Genesis B		Genesis B $^o/_{oo}$		Beowulf 1—1000		Genesis A $^o/_{oo}$	
C^1 61.	7	2	11	3	6	2	30	13
62.	16	2	26	3	15	3	18	9
63.	—	—	—	—	2	—	5	2
C^2 64.	19	5	31	8	50	23	25	22
65.	16	7	26	11	54	18	32	22
66.	9	12	15	20	26	9	19	6
C^3 67.	7	36	11	59	25	61	19	55
68.	8	16	13	26	3	45	6	28
69.	15	42	25	68	6	41	19	48
70.	1	—	2	—	1	3	—	—
Summa	98	122	159	198	188	205	173	204

Die Gesamtzahl der C-verse stimmt fast mit der des
Beowulf überein: in den Unterarten treten jedoch grosse Ver-
schiedenheiten hervor. In der ersten Halbzeile stehen die
Typen 61 (*swā rīxōde*), 62 (*him sē yldesta*), 68 (*ic tō sē
wille*), 69 (*on fæder bearme*), in der zweiten die Typen 66
(*ofer lagu-strǣte*) und 69 öfter als im Beowulf; dafür aber
sind die Typen 64 (*in geār-dagum*) und 65 (*þæt ic sǣ-
næssas*) in beiden, 66 und 67 (*on bearm scipes*) in der
ersten, 68 in der zweiten Halbzeile erheblich seltener.

Die Gesamtzahl der D^1-verse der Gen. B beträgt in der
ersten Halbzeile nur die Hälfte, in der zweiten nur den
vierten Teil der entsprechenden Verse des Beowulfliedes.
Demnach sind auch fast alle Unterarten dieser Grundform
in der Gen. B seltener vertreten als im Beowulf. Am
grössten ist die Differenz in beiden Halbzeilen bei Typus 74
(*sǣ-līdende*) und 80 (*fēond man-cynnes*), in der zweiten bei
Typus 71 (*stīg wīsōde*), 72 (*gode þancōde*) und 81 (*fromum
feoh-giftum*).

Grundform IV$_b$. D^1 (71—90).

Typus	Genesis B		Genesis B °/$_{00}$		Beowulf 1—1000		Genesis A °/$_{00}$	
71.	3	2	5	3	2	24	9	18
72.	2	1	3	2	—	11	9	11
73.	2	—	3	—	10	—	2	—
74.	2	—	3	—	15	19	12	8
75.	5	6	8	10	8	14	3	2
76.	1	—	2	—	2	—	1	—
77.	2	—	3	—	12	—	4	—
78.	—	1	—	2	5	4	2	—
79.	5	—	8	—	18	—	11	—
80.	1	2	2	3	8	10	16	3
81.	4	—	7	—	14	9	8	3
82.	3	—	5	—	6	—	8	—
83.	—	—	—	—	4	2	—	—
84.	1	-	2	—	—	1	1	—
85.	7	—	11	—	10	—	4	—
86.	—	1	—	2	3	2	1	3
87.	—	—	—	—	1	2	—	1
88.	1	—	2	—	2	1	2	—
89.	2	1	5	2	8	2	16	6
90.	—	1	—	2	5	3	1	2
Summa	41	15	67	25	133	104	110	58

Zum Schluss mache ich noch auf einige metrische Eigenheiten der Gen. B aufmerksam, durch welche ihre nahe Beziehung zum Heliand erwiesen wird. Vor allem betone ich das zahlreiche Vorkommen der sog. Schwellverse; sie treten wie im Heliand immer in grösseren Massen auf, selten nur vereinzelt; so z. B. 252—261, 282—288, 299—304, 389—408.

Der Praxis des Heliand entsprechend finden wir ferner in der Gen. B weit öfter als in anderen ae. Gedichten einen Auftakt auch vor A-versen, und zwar nicht blos ein Præfix. z. B. Gen. 294 *ā-* | *hebban wid his hearran*; 442 *an-* | *yan hine þā gyrwan*; 647 *forlēc hie þā mid ligemum* u. ö.. sondern auch selbstständige Wörter. wie z. B. Gen. 420 *mid* | *welan beirunden*; 482 *mid* | *swāte and mid sorgum*; 504 *ne* | *wurde on worulde*; 506 *tō* | *punice gebēnōd*; 521 *þin* | *hearra þūs helpe*; vgl. Gen. 542. 655. 678. 731. 770. 814. 830.

Wie im Heliand stehen in der Gen. B im Eingange der
B-verse vor dem Hauptstabe oft schwer betonte Wörter,
also z. B. Verba: Gen. 235 *forlātad þone ænne bēam;* 238
and sēdon ealles þanc; 272 *þōhte þurh his ānes cræft* etc.
Dafür, dass Gen. B von einem Altsachsen in das Altenglische
übersetzt ist, spricht ferner die mit dem Heliand überein-
stimmende Eigentümlichkeit, die Endung *-ian* der Verba der
zweiten schw. Conjug., die sonst im Altenglischen stets
zweisilbig gemessen wird (z. B. *Heorot fælsīan,* B. 432), im
Versausgange einsilbig zu brauchen, z. B. Gen. 257 *drihtne
þancian;* 264 *nolde gode þēowian;* 268 *þēodne þēowian;* 367
and wē þis wīte þolien; 633 *heofon-rīces þolian;* vgl. Hel.
4442 *diublun thionōn.* Zweisilbige Messung erscheint in der
Gen. B nur in dem Worte *weorþian,* 310 *noldon weorþīan;*
329. 353 *word weorþian.*

Alliteration.

Wie in der Gen. A (s. o. S. 94) finden wir hier in einigen
Fällen den Hauptstab auf der ersten, schwächer betonten
Hebung eines B- oder C-verses, nämlich Gen. 684 *and spēon
hine ealne dæg* (Typus 31); 241 *stōd his handgeweorc*
(Typus 34); 446 *wand him up þanon* (Typus 67; vgl.
Gen. 493 *and wende hine eft þanon);* 762 *hwearf him
eft nider* (Typus 67). zweimal auch im Eingange eines
Schwellverses, Gen. 256 *lof sceolde hē drihtnes wyrcean*
(Typus 1*); 306 *fēollon þā | ufon of heofnum* (Typus 6*).

Doppelalliteration erscheint in der Gen. B erheblich
öfter als in den bisher betrachteten Gedichten; von den
615 Versen des Bruchstücks haben nämlich 366 doppelte
und 249 einfache Alliteration. Der Grund hierfür ist das
stärkere Auftreten der „Schwellverse" und der normalen
A-verse mit stärkerer Füllung des ersten Taktes, bei denen
Doppelalliteration unerlässlich ist. Auf die sechs Grund-
formen verteilt sich die Doppelalliteration folgendermassen:

	A	B	D²	E	C	D¹	Summa.
Doppel-All.:	242	38	18	12	25	31	366
Einf. All.:	90	67	3	6	74	9	249

Auch in der Auswahl der zu Trägern der Alliteration dienenden Laute unterscheidet sich die Gen. B auffallend von allen anderen ae. Gedichten.

	Vocale	b	c	d	f	g	h	l	m
Genesis B	92	29	2	25	31	45	123	61	32
Gen. B °/oo	150	47	3	41	50	73	200	99	52
Beowulf	158	62	15	29	101	88	117	47	80
Gen. A °oo	195	49	23	35	117	45	69	56	59

	n	r	s	sc	sp	st	t	þ	w
Genesis B	3	8	39	4	4	5	7	11	94
Gen. B °/oo	5	13	63	7	7	8	11	18	153
Beowulf	17	15	111	14	1	4	5	25	110
Gen. A °oo	20	29	97	9	3	12	9	22	141

Der am häufigsten alliterierende Laut ist also *h*, das allein schon 20 % aller Verse einnimmt. Danach folgen *w* und vocalische Alliteration mit je 15 % und *l* mit 10 %. so dass diese 4 Laute: *h, w,* Vocal. *l* allein schon $^3/_5$ aller Verse (370 von 615) in Anspruch nehmen. Alle andern Laute sind demnach im Vergleich zum Beowulf und zu anderen ags. Gedichten viel seltener gebraucht.

Verfasser.

Wie bereits oben (p. 73 f.) hervorgehoben, ist nach den Ausführungen von Sievers (Der Heliand und die ags. Genesis) und Braune (Neue Heidelberger Jahrbücher IV. 234) als eigentlicher Verfasser der Genesis B der Dichter des alts. Heliand anzusehen. Um eine Lücke in der ae. Genesis A auszufüllen. wurde dieses Stück aus der altsächsischen Bibelübersetzung in das Altenglische übersetzt. Mit Braune (l. c. p. 225) bin ich der Meinung. dass die Verse 371—420 nicht von dem Uebersetzer eingeschoben sind. sondern gleichfalls dem alts. Originale angehören.

Ergebnisse.

Die vorstehende Untersuchung hat auf Grund der Metrik für die Verfasserfrage der sog. Caedmonschen Dichtungen folgende Resultate ergeben:

1) Die vier Gedichte Genesis, Exodus, Daniel und Satan rühren von verschiedenen Verfassern her.

2) Die Genesis B (V. 235—851) ist aus der altsächsischen, von dem Verfasser des Heliand herstammenden Bibeldichtung in das Altenglische übersetzt worden. Genesis A (V. 1 bis 234; 852—Schluss) ist von einem einzigen Dichter geschrieben.

3) Der Exodus ist kein einheitliches Ganzes. Als sicher interpoliert ist die VI. Fitte (V. 362—445) zu betrachten. Dagegen ist Strobls Behauptung, dass die beiden ersten Fitten gleichfalls spätere Zusätze sind, zurückzuweisen.

4) Das Azariaslied im Daniel (V. 280—410) ist nicht, wie Balg und Steiner behaupten, von einem andern Dichter interpoliert worden, sondern, wie Hofer annimmt, von dem Verfasser des Daniel selbst in sein Werk hineingearbeitet.

5) Das Gedicht Christ und Satan rührt in der überlieferten Fassung von ein und derselben Hand her. Ob demselben ein älteres einheitliches Original oder drei selbständige Gedichte zu Grunde liegen, muss dahingestellt bleiben.

———————

Berichtigungen:

S. 4, Z. 14 lies: sich mit Hilfe. — S. 69, Z. 9 v. u. lies: ist es wiederum, zu.

MAX KALUZA, Chaucer und der Rosenroman. Eine litteraturhistorische Studie. 8.— M.

Percy's Reliques of ancient english poetry. Nach der ersten Ausgabe von 1765 mit den Varianten der späteren Originalausgaben herausgegeben und mit Einleitung und Anmerkungen versehen von Dr. **M. M. Arnold Schröer.** 2 Bände. 15.— M.

Gebunden 17.— M.

GREGOR SARRAZIN, Thomas Kyd und sein Kreis. Eine litteraturhistorische Untersuchung. 3.— M.

Studien zum germanischen Alliterationsvers. Herausgegeben von **Max Kaluza.**

Heft 1: **Der altenglische Vers.** I. Theil: **Kritik der bisherigen Theorien.** 2.40 M.

Heft 2: **Der altenglische Vers.** II. Theil: **Die Metrik des Beowulfliedes.** 2.40 M.

VICTOR ZEIDLER, Die Quellen von Rudolfs von Ems Wilhelm von Orlens. 8.— M.

Zeitschrift für vergleichende Litteraturgeschichte. Herausgegeben von Dr. **Max Koch.** Jährlich ein Band von 6 Heften im Umfange von 32 Bogen. Preis des Bandes 14.— M.

VERLAG VON EMIL FELBER IN WEIMAR.

Lord Byron's

Ausgewählte Werke.

In kritischen Texten mit litterarhistorischen Einleitungen
und ausführlichen Commentaren

herausgegeben von

E. Kölbing.

Es sind zwölf Hefte in Aussicht genommen. die nachfolgenden
Inhalt haben. Heft 1 liegt vor, Heft 2 soll 1895 erscheinen, dem sich
die folgenden in angemessenen Zwischenräumen anschliessen werden.
Jedes Heft wird einzeln käuflich sein.

Weimar. — G. Uschmann.

MAX KALUZA, Chaucer und der Rosenroman. Eine litteraturhistorische Studie. 8.— M.

Percy's Reliques of ancient english poetry. Nach der ersten Ausgabe von 1765 mit den Varianten der späteren Originalausgaben herausgegeben und mit Einleitung und Anmerkungen versehen von Dr. **M. M. Arnold Schröer.** 2 Bände. 15.— M.

Gebunden 17.— M.

GREGOR SARRAZIN, Thomas Kyd und sein Kreis. Eine litteraturhistorische Untersuchung. 3.— M.

Studien zum germanischen Alliterationsvers. Herausgegeben von **Max Kaluza.**

Heft 1: **Der altenglische Vers.** I. Theil: **Kritik der bisherigen Theorien.** 2.40 M.

Heft 2: **Der altenglische Vers.** II. Theil: **Die Metrik des Beowulfliedes.** 2.40 M.

VICTOR ZEIDLER, Die Quellen von Rudolfs von Ems Wilhelm von Orlens. 8.— M.

Zeitschrift für vergleichende Litteraturgeschichte. Herausgegeben von Dr. **Max Koch.** Jährlich ein Band von 6 Heften im Umfange von 32 Bogen. Preis des Bandes 14.— M.

Lord Byron's
Ausgewählte Werke.

In kritischen Texten mit litterarhistorischen Einleitu1
und ausführlichen Commentaren

herausgegeben von

E. Kölbing.

Es sind zwölf Hefte in Aussicht genommen, die nachfolge
Inhalt haben. Heft 1 liegt vor, Heft 2 soll 1895 erscheinen, dem
die folgenden in angemessenen Zwischenräumen anschliessen we
Jedes Heft wird einzeln käuflich sein.

— —

Weimar. — G. Uschmann.